ÉBAUCHE

DE

PHYSIQUE IDÉALISTE

DU MÊME AUTEUR

Les Trois États psychiques, 1 vol. in-18 jésus . . . . 3 fr. 50
Les Problèmes de la Logique, 1 vol. in-18 jésus . . . . 2 fr. »
La Linguistique et l'Origine du langage, 1 vol. in-18 jésus . . . . . . 3 fr. 50
La Linguistique et l'Origine des concepts, 1 vol. in-18 jésus . . . . . 2 fr. »

Tous droits de reproduction et de traduction réservés pour tous pays.

PAUL CORDIER

ÉBAUCHE
DE
PHYSIQUE IDÉALISTE

—※—

PARIS
BIBLIOTHÈQUE INTERNATIONALE D'ÉDITION
Edward SANSOT, Éditeur
7, RUE DE L'ÉPERON, 7
—
1916

PRÉFACE

Dans les ouvrages de mécanique, de physique, de chimie, il est, à chaque instant, question de matière attirant la matière, d'impénétrabilité de la matière, de molécules matérielles, de points matériels, en lesquels on suppose condensée la matière, d'inertie de la matière, de quantité de matière, etc., etc. Or, comme l'idéalisme (voir les Trois états psychiques) est la négation de la matière, il en résulterait que les sciences physiques (au sens large du mot) seraient par leur objet même et par leur méthode, une réfutation irréfutable de

la doctrine idéaliste. Dans une lettre à un ami resté encore quelque peu sceptique à cet égard (on le serait à moins), nous écrivions tout récemment : « Votre irréductible philosophe est, pendant la tourmente, occupé à l'élaboration d'un petit livre, qu'il se propose (titre suggestif) d'intituler : Ébauche de physique idéaliste. *C'est, vous le voyez, ce qu'on pourrait appeler empoigner le taureau par les cornes. » Et, en effet, tel qui dans les spéculations philosophiques auxquelles il se livre incidemment, veut bien condescendre à voir dans l'idéalisme une part de vérité, ne tarde pas (l'artificiel reprenant le dessus) à s'exclamer en haussant les épaules : « Oui, cela peut à la rigueur être pris en considération, il y a quelque chose, mais... si l'on sort de la spéculation pour rentrer dans la science positive, cela ne se soutient plus du tout, cela ne peut, un seul instant, résister à l'examen : toutes les observations et toutes les expérimentations de nos laboratoires contredisent formellement la doctrine.* » Eh bien! non, aucun fait, nous disons aucun, ne la contredit, tous bien plus, ne font que la confirmer et c'est ce que nous avons voulu montrer dans cet opuscule. Les rêveurs, les abstracteurs, les métaphysiciens (en prenant ce mot en mauvaise part), ce ne sont pas les idéalistes, mais les réalistes, ceux qui ont sans cesse sur les lèvres, en les considérant sérieusement comme désignant des réalités, les mots force et matière. Et les vrais esprits positifs, ce sont non les réalistes, mais les idéalistes, ceux qui ne regardent, comme objet de la science et de la philosophie que ce qui est l'objet de la perception concrète, à savoir : des formes, des mouvements et des relations qualitatives ou quantitatives entre ces formes et ces mouvements.

Après avoir, dans la partie analytique, considéré séparément la doctrine et les faits, nous montrons dans la partie synthétique leur concordance. Sans nous étendre dans cette préface, signalons toutefois deux chapitres qui ne manqueront pas d'attirer l'attention et de provoquer peut-être la critique des savants. Nous avons par des considérations que nous croyons originales, essayé de démontrer, quoique avec réserve, l'identité et l'unité fondamentales des phénomènes physiques.

Nous devons (pour rendre à chacun ce qui lui est dû) ne pas oublier de dire que, en ce qui regarde le côté mathématique de cet essai, nous avons mis à contribution les ouvrages, si remarquables par leur qualité bien française : la clarté, des Janin, des Appell, des Janet des Faivre-Dupaigre et même les traités plus modestes de Boisard, de Chassagny et de Banet-Rivet.

Enfin, pour terminer par quoi nous aurions dû, en bonne justice, commencer (mais les premiers ne sont-il pas toujours les derniers?) nous exprimerons ici toute notre reconnaissance à l'homme d'esprit et de cœur, M. Sansot, qui, avec un désintéressement et un dévouement que nous ne saurions trop admirer n'a pas hésité à ouvrir ses portes à un scientifique, *sur lequel il ne pouvait guère compter pour illustrer les lettres françaises et tenir une place même modeste au milieu de la glorieuse phalange de ses auteurs favoris, passés maîtres en l'art de bien dire. Puisqu'il a consenti à nous faire crédit, peut-être tâcherons-nous un jour (nous aurions au moins le mérite de l'avoir entrepris) de le récompenser en donnant au public des œuvres plus littéraires et plus éloquentes.*

Clamart, le 3 janvier 1916.

PARTIE ANALYTIQUE

LA DOCTRINE ET LES FAITS

A. — LA DOCTRINE

CHAPITRE PREMIER

LE RÉALISME ET L'IDÉALISME

Dire, comme les réalistes, d'une part, que les phénomènes existent sans apparaître, est évidemment *antilogique*, ou contradictoire ; car c'est dire qu'un phénomène (φαινομεναι, paraître) n'est pas un phénomène. Mais dire, comme les idéalistes, d'autre part, que les phénomènes n'existent qu'en tant qu'ils apparaissent, est, pour la même raison, *tautologique* ou redondant, car cela revient à dire qu'un phénomène (φαινομεναι, paraître) est un phénomène. Aussi convient-il, dès l'abord, de caractériser autrement que par ces deux formules le réalisme et l'idéalisme.

La différence essentielle entre le réaliste et l'idéaliste, c'est que le premier admet que les corps ou les phénomènes existent objectivement *en soi*, comme formes ou comme substances, et que le deuxième professe que ces corps ou ces phénomènes n'existent toujours que subjectivement, *en moi, en toi, en lui*, autrement dit, seulement en ou pour quelqu'un. Ce qui signifie, non que les corps ou les phénomènes existent dans une substance matérielle (cerveau), ce qui ferait retomber l'idéalisme dans le réalisme matérialiste (le cerveau n'étant qu'un corps comme un autre) ou dans une substance immatérielle (âme), ce qui ferait retomber l'idéalisme dans le réalisme spiritualiste (l'âme étant distincte du corps); mais, purement et simplement que les phénomènes sont toujours personnels, *la détermination* constituant le côté *phénoménal*, et *l'individualisation*, le côté *nouménal* de la réalité ; phénomène et noumène, détermination et individualisation, intimement et indissolublement unis, inséparables l'un de l'autre et réels seulement en tant qu'inséparables. Ceci étant expliqué, afin qu'il ne puisse subsister aucune équivoque sur notre façon de concevoir, d'une part, la chose, l'objet, le corps, le phénomène, d'autre part, la personne, le sujet, l'esprit, le noumène, l'idéalisme doit être interprété comme suit : Le phénomène qui existe en moi ou pour moi (nous venons de dire ce que nous entendons par là) est distinct et indépendant du phénomène qui existe en toi ou pour toi, en lui ou pour lui, si bien qu'il y a autant de déterminations phénoménales qu'il y a d'individualisations nouménales de ces déterminations : la localisation dans le temps ou dans l'espace d'un phénomène, sa durée ou son étendue sont personnelles, individuelles. Quand le phénomène apparaît pour moi, il disparaît pour toi ou pour lui. S'il est ici pour moi, il est là pour toi et pour lui. Il dure une seconde pour toi ou pour lui, une minute pour moi; il a telle ou telle étendue pour moi, telle ou telle autre étendue pour toi ou pour lui, etc., etc. ; non pas qu'il s'agisse *du même phénomène*, existant objectivement identique à lui-même, mais de *phénomènes différents* en moi, en toi, en lui, qu'à cause de leur analogie plus ou moins grande, nous prenons *pour un phénomène unique, que nous verrions différemment*. En d'autres termes, encore, il y a autant de mondes que de monades, pour nous servir du langage de Leibnitz, sans le prendre à la lettre, autant de microcosmes que d'individualisations.

Nous distinguerons d'abord deux variétés principales de réalisme : A) le réalisme complet, à la fois substantiel et phénoménal, admettant l'existence en soi, non seulement de la substance, mais de la forme ; B) le réalisme incomplet, substantiel, se contentant d'admettre l'existence en soi de la substance. Eu égard à la forme, le premier à son tour se subdivise en :
a) réalisme total admettant l'existence en soi non seulement des qualités primaires (étendue, forme) mais encore celle des qualités secondaires (couleur, consistance, etc.). C'est le réalisme du vulgaire, de plus en plus rare au fur et à mesure du développement de la culture philosophique; *b*) réalisme partiel, admettant l'existence en soi seulement des qualités primaires. C'est le réalisme de Locke, entre autres, qui s'exprime ainsi : « Solidity, extension, figure, motion and rest, would be really

in the world, as they are, whether there were any sensible being to perceive them, ov not. » La solidité, l'étendue, la forme, le mouvement, le repos existeraient réellement dans l'univers, tels qu'ils sont, qu'il y eût ou qu'il n'y eût pas d'êtres sensibles pour les percevoir. Ce réalisme partiel est aussi de plus en plus abandonné et il ne reste guère aujourd'hui que le réalisme incomplet substantiel, admettant seulement l'existence objective en soi de la substance ; c'est celui de la plupart des réalistes modernes, lesquels reculent devant l'admission de ce contresens, à savoir que les formes corporelles, nécessairement phénoménales, puissent exister sans apparaître, mais qui persistent à soutenir, autre contresens, que la substance en soi c'est-à-dire l'indéterminé, c'est-à-dire *rien* puisse être *quelque chose*.

A parler rigoureusement, substantialisme et réalisme d'une part, insubstantialisme et idéalisme d'autre part, ne sont pas des termes équivalents. En effet, comme nous venons de le voir, on peut être réaliste c'est-à-dire admettre que les corps existent objectivement en soi comme formes, sans admettre nécessairement qu'ils existent en soi comme substances. Mais comme plusieurs réalistes, ainsi que nous venons de le voir, admettent l'existence en soi de la substance matérielle conjointement à celle de la forme corporelle et que même la plupart d'entre eux aujourd'hui cessent d'admettre la dernière (la forme en soi) tout en continuant à admettre la première (la substance en soi); cette substance étant impercevable et inconcevable, ils sont bien obligés de considérer son existence comme objective et non comme subjective, à moins de la nier ou de la supprimer, et il se trouve alors que substantialisme se confond avec réalisme, ou plutôt que le substantialisme n'est que le résidu du réalisme primitif complet et total admettant à la fois l'existence en soi de la forme corporelle et de la substance matérielle.

Si nous nous plaçons au seul point de vue de l'existence ou de la non-existence de la substance, il est facile de voir que, sous ce rapport, Aristote était déjà d'un côté réaliste, puisqu'il admettait la substance sans la forme, au moins *au dernier degré de l'Être*, et de l'autre côté idéaliste, puisqu'il admettait la forme sans la substance, au moins au *premier degré de l'Être*.

Mais ce réalisme et cet idéalisme-là n'ont que de très lointains rapports avec le réalisme et l'idéalisme moderne. Avant Descartes et Malebranche, qui ont placé le débat sur son véritable terrain, le seul véritable idéalisme dans l'antiquité n'est en germe que dans Protagoras et Aristippe, ainsi que nous l'avons montré par quelques citations dans les notes des *Trois états psychiques*.

III

Les lecteurs ne manqueront pas de nous poser la question suivante : « Vous n'êtes ni matérialiste, ni spiritualiste ; vous n'êtes pas matérialiste, puisque vous niez la matière comme Berkeley ; mais vous n'êtes pas spiritualiste, non plus, puisque vous niez aussi l'esprit, contrairement à Berkeley Alors qu'êtes-vous donc ? Positiviste sans doute ? » Non, répondrons-nous ; nous sommes bien, à vrai dire, *positif*, si l'on veut, mais nous ne sommes pas positiviste. Les positivistes, en effet, qui, d'ailleurs sont moins des philosophes véritables, que des savants *encyclopédiques*, coordonnant les sciences entre elles et les subordonnant les unes aux autres, ne nient ni la matière ni l'esprit, ils se bornent à les laisser de côté, pour ne s'occuper que de la nature objective des choses : nous, pas, nous nous occupons de ces entités, mais pour les nier et prouver leur inexistence ou leur irréalité. S'il faut prendre position, nous dirons que notre idéalisme (idéalisme complet, niant à la fois la substance matérielle et la substance spirituelle) est à peu près le phénoménisme de Stuart Mill et de Berkeley, dans la première phase de son évolution philosophique. Nous disons *à peu près*, car, pour nous, les phénomènes ont un caractère essentiel que *néglige* Stuart Mill et que Berkeley dans la deuxième phase de son évolution philosophique, reconnaît mais *interprète faussement*, à savoir que ce sont, outre des déterminations, des individualisations, à la pérennité desquelles nous croyons quel que soit leur état rudimentaire, qu'il s'agisse du polype ou de l'*homo sapiens*. Ce sont, si l'on veut (les mots ne nous font pas peur), des centres de conscience, mais des centres de conscience inséparables des modalités conscientes, et non des noumènes distincts et indépendants des phénomènes, ce qui serait aussi absurde que de prétendre que le centre d'un cercle est distinct et indépendant de la surface et de la circonférence.

CHAPITRE II

LE RÉEL ET L'IRRÉEL

I

Ce qui est réel pour les réalistes, à savoir l'objet en soi, existant hors du sujet comme forme ou comme substance, est irréel pour les idéalistes. Inversement, ce qui est irréel pour les réalistes, à savoir l'objet, en tant qu'existant dans un sujet (nous avons montré ce qu'il faut entendre par là) est réel pour les idéalistes. *Est percipi esse*, toute la réalité est dans la perception : tout ce que nous percevons, d'une façon ou d'une autre, dans l'état de rêve ou dans l'état de veille, à une distance de milliers de kilomètres ou à une distance d'un mètre, indirectement dans un miroir ou directement dans le milieu ambiant, que l'objet soit agrandi, rapetissé, déformé, dédoublé, etc., tout cela est réel et personne ne peut en douter, puisque c'est l'évidence même, l'évidence intuitive, perceptuelle, donnée immédiatement dans la conscience, le seul critérium de la réalité. En quoi, je le demande, l'objet vu à un mètre serait-il plus réel que cet objet vu à plusieurs milliers de kilomètres? En quoi un grain de millet, vu à la loupe, serait-il moins réel que ce même grain de millet vu à l'œil nu? En quoi la couleur que, atteint de daltonisme, je vois verte, serait-elle moins réelle que cette même couleur que la plupart des hommes voient rouge? Elle est réelle, puisque je constate son existence et que, à moins de n'avoir pas mon bon sens ou être dépourvu de bonne foi, je ne puis contester l'évidence de ma perception.

L'halluciné qui voit au pied de son lit ou devant son fauteuil un hippogriffe ou un dragon ailé, ne peut douter de la réalité de sa vision, *en tant que perception*; il ne le peut pas plus que l'homme, sain de corps et d'esprit, qui voit son chat ou son chien au coin de son feu, ne peut douter de la réalité de la sienne. Donc toutes nos perceptions sont, *en tant que perceptions*, quelles qu'elles soient, bien et dûment réelles. Et le soleil vu sous forme d'un disque aplati, avec les dimensions approximatives d'une assiette plate, est tout aussi réel que le soleil qui, d'après les calculs très exacts des astronomes, est une sphère de plusieurs trillions de mètres cubes. La boule que je vois sous forme d'un ellipsoïde dans un miroir cylindrique, par exemple, est aussi réelle que cette même boule vue au fond de mon jardin sous forme d'un sphéroïde régulier.

II

Si l'on se donne la peine d'approfondir les choses, on verra que cette distinction entre le réel et l'irréel n'est strictement que la distinction entre le normal et l'anormal, à laquelle elle se ramène. La forme ou la grandeur que je vois déformée ou agrandie dans un miroir, est anormale, comme ne concordant pas avec la forme ou la grandeur vue dans les circonstances ordinaires de la vision, c'est-à-dire sans miroir, ou encore comme ne concordant pas, si l'on veut, avec les fins de la nature, qui sont de nous faire voir les objets avec nos organes naturels et non avec des organes artificiels quelconques, pour ainsi dire. Mais pour être anormale, cette forme ou cette grandeur n'en est pas moins réelle, en tant que perception résultant des conditions externes et internes de la vision. Les choses ne sont toujours qu'un rapport entre ces conditions objectives et subjectives, distance, luminosité d'une part, conformation de l'œil naturel ou artificiel d'autre part, *conditions* concomitantes, connexes *données avec*, dans la perception. Les choses n'existent pas en elles-mêmes distinctes et indépendantes de ces conditions : les conditions variant, la perception (c'est-à-dire l'objet) change, de normale devient anormale dans certains cas, mais sans, pour cela, de réelle devenir irréelle. Mais, dit-on, l'objet vu agrandi ou rapetissé ou déformé ou dédoublé est irréel, parce qu'il n'est pas adéquat, ne concorde pas avec les données du toucher : je sens bien en le touchant que ce grain de millet n'est pas gros comme une noisette, ainsi que je le vois à la loupe; je sens bien, en promenant ma main sur son contour, que cette boule est sphéroïdale et non ellipsoïdale ainsi que me la montre le miroir. Qu'est-ce à dire ? que si la vue n'est pas toujours normale, nous entendons par là qu'elle ne nous fait pas invariablement voir les objets à quelques mètres et directement, le toucher, lui, destiné à saisir nécessairement les objets rapprochés et à les saisir d'une manière directe, ne varie jamais ou presque jamais. Et si la vue varie et le toucher ne varie pas, c'est encore en vertu, d'ailleurs, d'une finalité évidente de la nature. Si la vue ne variait pas, nous ne pourrions être renseignés sur l'éloignement ou le rapprochement des objets et, partant, agir en conséquence. Si, par contre, le toucher variait, nous serions exposés à prendre, en mangeant, une mie de pain pour une miche de pain et éprouver à chaque instant des déconvenues très préjudiciables à la conservation de notre individu. En outre, supposons, pour revenir à notre thèse, les choses renversées, supposons que ce fût le toucher qui variât et la vue qui ne variât pas, ce serait elle alors que nous considérerions à tort pour le critérium de la réalité, alors qu'elle ne serait à son tour dans ce cas que le critérium de la normalité.

Quoi qu'il en soit, les données du toucher ne sont, tout comme les données de la vue (abstraction faite de leur caractère normal ou anormal), que des modalités perceptuelles, et si l'on dénie la réalité de celles-ci, il faudra aussi dénier la réalité de celles-là. Enfin si le toucher seul était la vraie mesure de la réalité, quelle pauvre et piètre réalité auraient les choses! Nous n'en connaîtrions que la surface et combien grossièrement !

Nous ignorerions le monde merveilleux des infiniment petits, l'organisation intime des tissus animaux ou végétaux serait pour nous lettre morte, un pur néant; la réalité de la nature se réduirait pour nous à peu près à ce qu'elle est pour l'amibe ou le polype dépourvus d'organes visuels ou n'ayant, plutôt pour sentir la lumière que pour voir les objets, que des organes rudimentaires réduits à des taches pigmentaires. Cet exemple nous montre bien que la réalité est constituée uniquement par la qualité et la quantité de nos perceptions et que ce sont ces perceptions seules qui font la variété, la complexité et la richesse incomparable de la nature et que sans elles la nature n'existerait pas.

Mais, objectera-t-on encore, l'irréalité consiste en ceci que les données de la vue sont, pour ainsi dire, disjointes de celles du toucher : les visions de nos rêves, de nos hallucinations sont impalpables. Ceci est d'abord inexact, car souvent, sinon toujours, nous touchons et saisissons en rêve les objets en même temps que nous les voyons et les regardons. Ensuite, quand cela serait, il en est de même à chaque instant dans l'état de veille : ou je ne vois pas l'objet que je touche ou je ne touche pas l'objet que je vois; il y a tantôt conjonction, tantôt disjonction des données de la vue et du toucher aussi bien dans un cas que dans l'autre.

Cette conjonction ou cette disjonction ne sauraient donc constituer respectivement la réalité ou l'irréalité. L'image visuelle de l'objet vu dans une glace est disjointe de l'image tactile de l'objet que je touche, elle sera donc, à ce compte, irréelle, mais l'image de l'objet que je vois en rêve est conjointe à la sensation que j'éprouve en le touchant, elle sera donc réelle. Ce faisceau de lumière projeté par la Tour Eiffel est impalpable, disjoint de toute impression tactile, il sera donc alors aussi irréel que le fantôme qu'halluciné je vois flotter sans le toucher, dans l'air ambiant de ma chambre. Et inversement la personne qu'en rêve je prends dans mes bras, mon père que j'embrasse, en le revoyant après une longue absence, sera aussi réel que la personne que je vois et que je touche pendant la veille. La réalité ou l'irréalité dépendra donc, en somme, de conditions variables, locales, temporelles, particulières, contingentes, et, ce qu'il y a de plus piquant, toujours de conditions subjectives, que précisément on révoque en doute comme étant (à tort) considérées comme irréelles.

III

Mais, dira-t-on enfin, la personne que je vois dans cette glace en un rêve, si adéquate que soit cette représentation, n'est pas la personne réelle, ce n'est qu'une forme, une image, une copie exacte ou inexacte de la personne réelle. Mais il en est justement de même de la personne que vous voyez devant vous sans glace et dans l'état de veille, ce n'est aussi, à ce compte, qu'une forme, une image de la personne réelle. Vous serez donc obligé d'admettre que les formes de la veille ne sont pas plus réelles que les formes du rêve, qu'en tant que perceptions les unes et les autres sont absolument identiques et qu'alors ce qui fait uniquement la réalité des premières, ce ne peut être que quelque chose d'impercevable et d'inconcevable qui n'est ni étendu, ni figuré, ni coloré, ni consistant, ni dur, ni mou, ni solide, ni liquide, ni ici, ni là, ni rapproché, ni éloigné, en un mot qui n'est ni un objet, ni un corps, ni une chose, quelque nom qu'on lui donne, mais une substance qui en tant qu'indéterminée se trouve n'être rien et ne saurait sans contradiction, être considérée comme un modèle dont la forme perceptuelle serait la copie. Si, d'ailleurs, l'on me dit que l'objet vu par réflexion ou en rêve n'a pas de substance et que l'objet vu directement ou dans l'état de veille en a une, c'est une assertion absolument dénuée de tout fondement, puisque cette prétendue substance n'est pas plus constatable dans un cas que dans l'autre.

B. — LES FAITS

CHAPITRE PREMIER

IDENTITÉ FONDAMENTALE DES PHÉNOMÈNES CINÉTIQUES, THERMIQUES, ÉLECTRIQUES

I

Pratiquement, le mouvement, la chaleur, l'électricité sont considérés comme des faits distincts, irréductibles les uns aux autres et constituant des phénomènes spécifiquement différents qui doivent être étudiés à part et former l'objet de chapitres distincts dans les traités de physique. Cependant l'examen même superficiel des formules exprimant le partage du mouvement dans le choc des corps, de la chaleur dans le mélange de deux liquides, de l'électricité dans le contact de deux conducteurs, nous montre tout de suite, à première vue, une analogie incontestable, qu'il est facile de ramener, comme nous allons le faire, à l'identité. Nous dirons, toutefois, au préalable, qu'il ne s'agit dans ces pages que de pures spéculations philosophiques sur la possibilité de concevoir dans l'infinie variété des phénomènes une unité fondamentale. Nous n'entendons pas proposer aux savants de changer les conventions existantes, parfaitement justifiables dans la pratique. Il est même possible que les assimilations que nous faisons ne soient pas toujours d'une rigueur irréprochable, quoique nous pensions qu'en général, elles soient fondées. Outre qu'elles satisfont le besoin irrésistible qu'éprouve le philosophe de s'efforcer de tout ramener à l'unité, elles ont, dans notre esprit, un autre but : montrer que la chaleur et l'électricité, en laissant de côté la lumière et le magnétisme (il a bien fallu nous borner dans ce très court opuscule), sont réductibles aux lois du mouvement, sans même qu'il soit nécessaire de faire intervenir la théorie mécanique de la chaleur, dont il n'est pas question dans cette ébauche.

Pour arriver à une première approximation, nous éliminerons d'abord la chaleur spécifique, en supposant provisoirement qu'il n'y a dans la nature qu'une seule substance, le soufre ou le plomb, par exemple. Dans l'étude des phénomènes électriques, et des phénomènes cinétiques en effet, on laisse de côté comme pratiquement négligeables, mais non, ainsi que nous le montrerons, théoriquement inexistants, l'électricité spécifique et le mouvement spécifique. Il faut donc aussi, pour rendre les phénomènes comparables; éliminer aussi provisoirement la chaleur spécifique. Cette élimination étant faite, l'identité du mouvement, de la chaleur et de l'électricité ressortira clairement des considérations suivantes.

a) Une différence de potentiel entre deux conducteurs est une condition nécessaire pour qu'il y ait entre ces deux conducteurs un déplacement d'électricité. De même une différence de température est une condition nécessaire pour qu'il y ait entre deux corps un échange de chaleur. De même enfin, une différence de vitesse et une condition indispensable pour qu'il y ait une commutation de mouvement entre deux corps qui se choquent.

b) De même que le potentiel électrique d'un conducteur est proportionnel à la charge ou quantité d'électricité fournie par la source, de même la température d'un corps, que nous pourrions appeler potentiel thermique est proportionnelle à la quantité de chaleur fournie par le foyer; de même enfin, la vitesse d'un corps choqué, que nous pourrions appeler potentiel cinétique est proportionnelle à la quantité de mouvement qui lui est communiquée par le corps choquant.

c) De même qu'on appelle capacité électrique, la quantité d'électricité nécessaire pour élever le potentiel d'un conducteur de 1 unité, soit de 1 volt, de même nous appellerons capacité calorifique ou thermique la quantité de chaleur nécessaire pour élever la température d'un corps de 1 degré; de même, enfin, nous appellerons capacité cinétique (masse) la quantité de mouvement nécessaire pour augmenter de 1 centimètre, par exemple, la vitesse d'un corps; la seule différence existant entre les trois ordres de phénomènes étant, que, tandis que la capacité électrique est fonction de la forme et du volume, du conducteur (elle est pour le cas particulier de la sphère, proportionnelle au rayon R et indépendante de la masse), la capacité thermique et la capacité cinétique sont fonction de la masse. Donc si nous appelons Q_ε, Q_θ, $Q_\varkappa$, les quantités d'électricité, de chaleur, de mouvement; C_ε, C_θ, $C_\varkappa$, les capacités électriques; ε, θ, $\varkappa$, les potentiels électrique, thermique, cinétique, nous aurons trois formules identiques:

$$Q_\varepsilon = CE; \quad Q_\theta = Q\Theta; \quad Q_\varkappa = CK$$

qu'on exprime ordinairement ainsi :

$$Q = CV; \quad Q = M\Theta; \quad Q = MV$$

avec cette restriction pour la chaleur que la chaleur spécifique désignée habituellement par C étant éliminée (provisoirement), C désigne ici la capacité thermique ou calorifique, laquelle sans cette élimination est dans l'usage courant le produit Pc ou Mc. Le problème du partage des quantités d'électricité, de chaleur, de mouvement sera de même résolu par des formules identiques.

Potentiel électrique commun $= \dfrac{C\epsilon + C'\epsilon'}{C + C'}$
(tension commune)

Expression usuelle : $\dfrac{CV + C'V'}{C + C'}$.

Potentiel thermique commun $= \dfrac{C\theta + C'\theta'}{C + C'}$
(température commune)

Expression usuelle : $\dfrac{M\theta + M'\theta'}{M + K'}$.

Potentiel cinétique commun $= \dfrac{C\varkappa + C'\varkappa'}{C + C'}$
(vitesse commune)

Expression usuelle : $\dfrac{MV + M'V'}{M + M'}$.

équations qui deviendront par la réintroduction ultérieure des électricité, chaleur et mouvement spécifiques :

Potentiel électrique commun $= \dfrac{CS\epsilon + C'S'\epsilon'}{CS + C'S'}$

Expression usuelle : $\dfrac{C(S)V + C'(S')V'}{C(S) + C'(S')}$.

Potentiel thermique commun $= \dfrac{CS\theta + C'S'\theta'}{CS + C'S'}$

Expression usuelle : $\dfrac{MC\theta + M'C\theta}{MC + M'C'}$.

Potentiel cinétique commun $= \dfrac{CSx + C'S'x'}{CS + C'S'}$

Expression usuelle : $\dfrac{M(S)V + M'(S')V}{M(S) + M'(S')}$.

Remarque. — La capacité calorifique est aussi désignée par PC, mais depuis l'adoption des nouvelles unités C.G.S., la notation MC tend à prévaloir.

Il nous faut maintenant rétablir pour la chaleur et établir (théoriquement) pour l'électricité et le mouvement, le facteur laissé provisoirement de côté à savoir la chaleur spécifique, l'électricité spécifique et le mouvement spécifique.

1° En mélangeant, je suppose, 10 kilogrammes d'un liquide à 15° avec 10 kilogrammes d'un autre liquide à 20°, si la chaleur spécifique des deux liquides était la même on devrait avoir, d'après les formules provisoires précédentes :

$$\frac{10 \times 20 + 10 \times 15}{10 + 10} = 17°,5$$

et la chaleur gagnée par b : $17,5 - 15 = 2°,5$ serait rigoureusement égale à la chaleur perdue par a : $20 - 17,5 = 2°,5$. Mais comme ceci ne se réalise pas, les physiciens ont été conduits à admettre pour chaque corps, un coefficient spécifique qui fait que, pour élever la température d'un corps de 0° à 1° ou de 1° à 1° + 1°, il faut lui fournir plus ou moins de chaleur et ce coefficient, ils l'ont appelé chaleur spécifique. La formule :

$$\frac{M\theta + M'\theta'}{M + M'}$$

est alors modifiée en celle-ci :

$$\frac{MC\theta + M'C'\theta'}{MC + M'C'},$$

d'après la notation usuelle.

Pareillement et par comparaison, on peut admettre théoriquement, nous verrons pourquoi tout à l'heure, un coefficient spécial pour chaque conducteur, bien qu'il soit pratiquement négligeable, coefficient qu'on pourra appeler aussi électricité spécifique et il faudra aussi modifier la formule usuelle :

$$\frac{CV + C'V'}{C + C'} \text{ en } \frac{CSV + C'S'V'}{CS + C'S'}.$$

Enfin, en se choquant, deux corps a et b, l'un de 10 kilogrammes, animé d'une vitesse 20, l'autre de 10 kilogrammes, animé d'une vitesse 15, devraient, si leur mouvement spécifique était le même, avoir après le choc perdu et gagné la même vitesse, et c'est ce qui se produit en général. On a en effet, comme plus haut :

$$\frac{10 \times 20 + 10 \times 15}{10 + 10} = 17 \text{ m. } 5$$

la vitesse 2 m. 5 gagnée par b étant *ap-*

proximativement égale à la vitesse 2 m. 5 perdue par *a*, approximativement, disons-nous, car cela n'est admis que parce qu'on laisse de côté les considérations précédentes. On peut admettre pratiquement qu'il en est toujours ainsi, mais théoriquement, il est évident que si les corps diffèrent sous le rapport de la cohésion, de la densité, de l'élasticité, ce qui est fréquemment le cas, le mouvement gagné par l'un ne doit pas être rigoureusement égal au mouvement perdu par l'autre, et l'on peut en théorie modifier ainsi la formule :

$$\frac{MV + M'V'}{M + M'} \text{ en } \frac{MSV + M'S'V'}{MS + M'S'}.$$

2° L'existence d'un coefficient spécifique pour les phénomènes électriques et cinétiques, aussi bien que pour les phénomènes caloriques, peut être inférée des faits suivants.

Si, en frottant l'un contre l'autre deux

corps de même capacité thermique, c'est-à-dire, d'après notre convention, de même masse, l'un s'échauffe plus que l'autre, c'est évidemment qu'ils ont des chaleurs spécifiques différentes. Or, de même si, lorsqu'on frotte l'un contre l'autre deux corps de même capacité électrique, c'est-à-dire, d'après la convention commune, de même volume, l'un s'électrise positivement et l'autre négativement, ce ne peut être aussi que parce qu'ils ont des électricités spécifiques différentes.

Enfin, si deux corps élastiques de même capacité cinétique, c'est-à-dire de même masse, se mouvant en sens inverse, ont, après avoir rebondi, des vitesses en sens inverse différentes, ce ne peut être aussi que parce qu'ils ont des mouvements spécifiques différents, résultant de leur cohésion, de leur densité, de leur ténacité, de leur élasticité différentes.

3° Il est même possible de pousser plus loin encore l'identification en montrant que la chaleur dite latente de fusion a ses analogues dans les phénomènes électriques et dans les phénomènes cinétiques. Si la chaleur est dépensée à fondre le corps, elle ne l'échauffe pas ; si l'électricité est dépensée pareillement à le fondre, elle ne l'électrise pas ; enfin si le mouvement, une percussion, par exemple, est dépensé à briser le corps, il ne le meut pas. Dès que la chaleur, l'électricité, le mouvement ont atteint la température ou le potentiel de fusion ou de rupture, ils sont employés à séparer les molécules des corps, sans élever davantage le potentiel thermique, électrique, cinétique de ces corps.

II

Cependant, il semble, de prime abord, que par la polarisation, c'est-à-dire par la considération de l'électricité positive et de l'électricité négative, les phénomènes électriques diffèrent absolument des phénomènes thermiques et cinétiques pour lesquels cette polarisation *n'existerait pas*. Or, nous allons démontrer que si, dans la pratique, cette considération est laissée de côté, comme inutile, on peut, en théorie, la faire intervenir, en admettant pour la chaleur et le mouvement, la convention adoptée pour l'électricité.

a) Tout corps ayant un potentiel électrique supérieur à celui de la terre est dit électrisé *positivement*, tout corps ayant un potentiel électrique inférieur à celui de la terre est dit électrisé *négativement*. Or, la capacité électrique de la terre étant, pour autant dire, infinie par rapport à celle des corps électrisés sur lesquels nous expérimentons, si nous appliquons la formule du partage des charges, au contact de la terre, les deux corps électrisés, l'un positivement, l'autre négativement, prendront sensiblement le potentiel de la terre, c'est-à-dire le potentiel 0, ce qui signifie que les trois corps m, m' et M la terre, ayant le même potentiel commun, aucune différence électrique ne se manifestera entre eux.

De même tout corps ayant un potentiel thermique (température) supérieur à celui de la terre, *pourrait* être dit échauffé *positivement* et tout corps ayant un potentiel thermique, inférieur, échauffé *négativement*. Or, la capacité calorifique de la terre étant immense par rapport à celle des corps considérés dans nos expériences, toutes choses étant égales, c'est-à-dire en supposant (pour le besoin de la cause) que la conductibilité thermique fût, ce qui n'est pas, aussi grande et aussi rapide que la conductibilité électrique, que l'équilibre s'établit brusquement et instantanément pour la chaleur, comme pour l'électricité, les corps échauffés positivement ou échauffés négativement, aussitôt qu'ils toucheraient le sol, se mettraient pareillement au potentiel thermique de la terre, c'est-à-dire, au potentiel 0, si la même convention était adoptée pour la chaleur que pour l'électricité et qu'au lieu d'appeler conventionnellement aussi et tout à fait artificiellement 0 la température de la glace fondante on appelât 0 la température de la terre, supposée invariable ; ce qui signifierait de même ici que les trois corps m, m' et M, la terre, ayant dès lors la même température commune, aucune différence thermique ne se manifesterait entre eux. Enfin tout corps ayant une vitesse supérieure à la vitesse de translation de la terre, pourrait être dit à un potentiel cinétique *positif* et tous corps ayant une vitesse inférieure, à un potentiel cinétique *négatif*. Or, si le premier venait à choquer la terre et le second à être choqué par elle, en appliquant la formule du partage relative au choc, $\frac{mv + m'v'}{m + m'}$, étant donnée la masse énorme de la terre comparée à celle des corps considérés, les deux corps prendraient évidemment aussi la vitesse de la terre, c'est-à-dire, en adoptant la même convention, la vitesse 0, ce qui signifierait exactement ici que les trois corps m, m' et M, la terre, ayant alors la même *vitesse commune*, aucune différence cinétique ne les distinguerait plus. En résumé, en touchant la terre les corps électrisés, chauffés, en mouvement, reviennent, comme on dit pour l'électricité et comme on pourrait le dire pour la chaleur et le mouvement, à *l'état neutre*, expression très juste, puisque, ainsi que nous l'avons vu, ils ne se différencient plus alors électriquement, thermiquement, cinétiquement les uns des autres et de la terre, que leur potentiel électrique, thermique, cinétique est celui de la terre, c'est-à-dire conventionnellement 0; conventionnellement, disons-nous, car en réalité, bien loin d'être *nulle* au point de vue électrique, thermique, cinétique, l'action de la terre a une grandeur, puisque c'est elle qui ramène les corps à l'état neutre, c'est-à-dire en réalité non à 0, mais à son potentiel électrique, thermique, cinétique.

b) Si, ainsi qu'on le fait, on prend conventionnellement pour température 0 la température d'un corps liquide déterminé (on aurait pu en prendre un autre que la glace fondante) sans avoir pour cela aucune raison théorique, mais simplement un but pratique, et qu'on mélange avec ce corps un autre corps liquide à $+ 10°$, celui-ci ne prendra pas la température 0, mais, (en supposant qu'ils aient même capacité calorifique et même chaleur spécifique) la température $\frac{+\,10\,+\,0}{2} = 5°$. Or, ils prendraient au contraire cette température *0*, si cette température *0* était, par la convention précédente, la température d'un liquide ayant la masse de la terre. De même si, ce que l'on ne fait pas, l'on prenait conventionnellement comme potentiel *0*, le potentiel d'un conducteur déterminé, tout corps électrisé, en touchant ce conducteur, ne prendrait pas non plus ce potentiel; or il le prendrait si ce potentiel *0* était le potentiel d'un conducteur ayant la forme et le volume de la terre. Enfin, si un corps de vitesse + 10 vient choquer un autre corps d'une vitesse déterminée appelée conventionnellement *0*, après le choc il n'aura pas la vitesse *0*, mais, en supposant que les capacités ou masses fussent les mêmes :

$\frac{10+0}{2} = 5$; or il l'aurait, si la vitesse appelée conventionnellement 0 était la vitesse d'un corps ayant la vitesse de la terre.

c) En résumé, la différence existant dans la pratique entre l'électricité, la chaleur et le mouvement au point de vue de la polarisation est une différence purement artificielle, que nous avons introduite nous-mêmes dans les faits en employant arbitrairement des conventions différentes pour l'électricité, la chaleur, le mouvement, conventions, assurément justifiées, dans la pratique, pour la commodité des évaluations, mais n'ayant, au point de vue théorique, aucune valeur pour différencier essentiellement les phénomènes les uns des autres. Si, répétons-le, la conductibilité pour la chaleur était aussi grande ou aussi rapide que la conductibilité pour l'électricité, à peine le réservoir d'un thermomètre (supposé bien entendu bon conducteur) aurait-il touché le sol, qu'il se mettrait au potentiel thermique de la terre, comme le bouton de l'électroscope, aussitôt qu'il est mis en communication avec le sol, par le doigt ou autrement, se met au potentiel électrique de la terre. Et alors, quels que fussent les potentiels thermiques (températures) des divers corps échauffés, le thermomètre, *au sol*, ne pourrait pas plus les déceler que l'électroscope, *au sol*, ne peut déceler les potentiels électriques, quels qu'ils soient, des divers corps électrisés. En d'autres termes enfin, tous les corps échauffés comme tous les corps électrisés, mis ainsi en contact avec le thermomètre et l'électroscope, ainsi *déchargés*, ne manifesteraient plus aucune différence de potentiel thermique ou électrique, étant ramenés instantanément, par le contact, à l'état neutre.

CHAPITRE II

IDENTITÉ FONDAMENTALE DE LA TRACTION ET DE L'ATTRACTION, DE LA PULSION ET DE LA RÉPULSION

I

Nous laisserons d'abord de côté les considérations relatives à l'interaction $MV = M'V'$ ou $MG = M'G'$, selon qu'il s'agit ou bien de l'interaction tractive ou pulsive ou bien de l'interaction pulsive ou répulsive, pour ne nous occuper dans ce premier paragraphe que de l'action, abstraction faite de la réaction. Or, nous verrons facilement, en comparant l'action d'un poids mouvant un système de masses déterminées (p mouvant $p + 2\,P$, dans la machine d'Atwood) à l'action d'un corps venant en choquer un autre, que les lois de *la chute* libre ou non, sont essentiellement identiques aux lois *du choc* libre ou non.

1° Sous l'action d'un même poids ou d'une même pulsion, les accélérations g ou les vitesses v, sont dans deux interactions différentes en raison inverse des masses.

CHUTE	CHOC

Formules générales.

$$\frac{pg + 2\,P \times o}{p + 2\,P} = g' \qquad \frac{mv + M \times o}{m + M} = v'$$

Application.

$$\frac{4 \times 8 + (2 \times 6) \times o}{4 + (2 \times 6)} = 2 \qquad \frac{4 \times 8 + 12 \times o}{4 + 12} = 2$$

$$\frac{4 \times 8 + (2 \times 14) \times o}{4 + (2 \times 14)} = 1 \qquad \frac{4 \times 8 + 28 \times o}{4 + 28} = 1$$

On a bien, on le voit :

$$\frac{1}{2} = \frac{16}{32}.$$

EN CHUTE LIBRE	EN TRANSLATION LIBRE
$\dfrac{pg + o \times o}{p + o} = g$	$\dfrac{mv + o \times o}{m + o} = v$
$\dfrac{4 \times 8 + o \times o}{4} = 8$	$\dfrac{4 \times 8 + o \times o}{4} = 8$

2° Sous l'action de poids ou de masses différentes, les forces ou intensités ou quantités de mouvement sont en raison directe des masses. Ici les accélérations ou les vitesses étant les mêmes, les poids ou les masses sont supposés doubles.

CHUTE	CHOC
$\dfrac{4 \times 8 + (2 \times 6) o}{4 + (2 \times 6)} = 2$	$\dfrac{4 \times 8 + 12 \times o}{4 + 12} = 2$
$\dfrac{8 \times 8 + (2 \times 12) o}{8 + (2 \times 12)} = 2$	$\dfrac{8 \times 8 + 24 \times o}{32} = 2$

On a bien :

$$\frac{32}{64} = \frac{4}{8}.$$

EN CHUTE LIBRE	EN TRANSLATION LIBRE
$\dfrac{4 \times 8 + o \times o}{4 + o} = 8$	$\dfrac{4 \times 8 + o \times o}{4 + o} = 8$
$\dfrac{8 \times 8 + o \times o}{8 + o} = 8$	$\dfrac{8 \times 8 + o \times o}{8 + o} = 8$

$$\frac{32}{64} = \frac{4}{8}.$$

3° Les masses mues étant doubles, si la force motrice est elle-même double, l'accélération ou la vitesse seront les mêmes, ce qui nous montre que le choc réalise la première loi de la chute, à savoir que tous les corps tombent avec la même vitesse.

CHUTE	CHOC
$\dfrac{4 \times 8 + (2 \times 6)\,o}{4 + (2 \times 6)} = 2$	$\dfrac{4 \times 8 + 12 \times o}{4 + 12} = 2$
$\dfrac{8 \times 8 + (2 \times 12)\,o}{8 + (2 \times 12)} = 2$	$\dfrac{8 \times 8 + 24 \times o}{8 + 24} = 2$

DE LA TRACTION ET DE L'ATTRACTION

EN CHUTE LIBRE	EN TRANSLATION LIBRE
$\dfrac{4 \times 8 + o \times o}{4 + o} = 2$	$\dfrac{4 \times 8 + o \times o}{4 + o} = 2$
$\dfrac{8 \times 8 + o \times o}{8 + o} = 2$	$\dfrac{8 \times 8 + o \times o}{8 + o} = 2$

4° Les forces ou quantités de mouvement sont en raison directe des masses ou proportionnelles aux produits des masses.

CHUTE	CHOC
$\dfrac{4 \times 8 + (2 \times 6) o}{4 + (2 \times 6)} = 2$	$\dfrac{4 \times 8 + 12 \times o}{4 + 12} = 2$

$$\text{Prod. des masses} = 48$$
$$\text{Quant. de mouv.} = 32$$

$\dfrac{8 \times 16 + (2 \times 12) o}{8 + (2 \times 12)} = 4$	$\dfrac{8 \times 16 + 24 \times o}{8 + 24} = 4$

$$\text{Prod. des masses} = 192$$
$$\text{Quant. de mouv.} = 128$$

On a bien :

$$\frac{32}{128} = \frac{48}{192}.$$

EN CHUTE LIBRE	EN TRANSLATION LIBRE
$\dfrac{4 \times 8 + 0 \times 0}{4 + 0} = 8$	$\dfrac{4 \times 8 + 0 \times 0}{4 + 0} = 8$

Prod. des masses = 4
Quant. de mouv. = 32

$\dfrac{8 \times 16 + 0 \times 0}{8 + 0} = 16$	$\dfrac{8 \times 16 + 0 \times 0}{8 + 0} = 16$

Prod. des masses = 8
Quant. de mouv. = 128

II

Si maintenant nous comparons l'attraction ou la répulsion à la traction ou à la pulsion, en nous plaçant au point de vue de l'*interaction*, nous verrons qu'il y a encore identité entre les deux ordres de phénomènes.

a) Prenons d'abord le cas de l'interaction tractive ou pulsive en nous servant de la formule connue :

$$\frac{MV + M'V'}{M + M'},$$

soit un corps a de masse 4 animé d'une vitesse 60 venant choquer un autre corps b de masse 10, animé d'une vitesse 18 ; on a :

$$\frac{4\times 60 + 10\times 18}{14} = 30 \text{ interaction} : \overset{\leftarrow}{4\times 30} = \overset{\rightarrow}{10\times 12}$$

1° Les vitesses perdues et gagnées sont en raison inverse des masses respectives de a et de b.

En effet :

Vitesse perdue par a : 60 — 30 = 30
Vitesse gagnée par b : 30 — 18 = 12
Et l'on a bien :

$$\frac{12 \text{ vitesse gagnée par } b}{30 \text{ vitesse perdue par } a} = \frac{4 \text{ masse de } a}{10 \text{ masse de } b}.$$

2° L'action est égale à la réaction.
En effet l'on a :

Action de a sur b = 10 × 12 *vitesse gagnée* = 120 ;

Action de b sur a = 4 × 30 *vitesse perdue* = 120.

b) Prenons ensuite le cas de l'interaction attractive ou répulsive.

1° Les accélérations de *a* et de *b* sont en raison inverse des masses de *a* et de *b*.

$$\frac{12 \text{ accélération de } b}{30 \text{ accélération de } a} = \frac{4 \text{ masse de } a}{10 \text{ masse de } b}.$$

2° L'action est égale à la réaction.
En effet on a :

Action de *a* sur *b* = 10 × *12 accélération* = 120 ;

Action de *b* sur *a* = 4 × *30 accélération* = 120.

Comme on peut le remarquer, nous avons dû, pour montrer l'analogie, comparer les accélérations de *a* et *b* dans l'attraction ou la répulsion, aux vitesses perdues et gagnées respectivement par *a* et *b* dans la traction ou la pulsion. L'assimilation n'est donc pas tout à fait adéquate, mais pour identifier les deux ordres de phénomènes, il nous suffit de supposer que les deux corps qui s'attirent ou se repoussent étaient, avant l'interaction, animés d'accélérations en sens inverse, par exemple 20 et 10. On a bien alors :

$$\frac{2 \times 20 + 3 \times 10}{5} = 14 \text{ interaction} : 2 \times 6 = 3 \times 4$$

accélération perdue par a : $20 - 14 = 6$; accélération gagnée par b : $14 - 10 = 4$; 6 et 4 étant bien les accélérations respectives des deux corps dans l'attraction.

Résumé.

INTERACTION, ATTRACTIVE OU RÉPULSIVE	INTERACTION, TRACTIVE OU PULSIVE
1° $\quad mg = m'g'$,	$mv = m'v'$.
2° $\quad \dfrac{g}{g'} = \dfrac{m'}{m}$,	$\dfrac{v}{v'} = \dfrac{m'}{m}$.

Application.

750 et 10 représentant les rapports entre la masse de la terre et celle de la lune, si l'on suppose la lune à une faible distance

de la terre, de façon à ce que son accélération soit celle des corps tombant dans les cas observables c'est-à-dire 9,81 à Paris, l'accélération de la terre vers la lune serait 0 m. 13, et l'on aurait :

1° $\qquad 750 \times 0{,}13 = 10 \times 9{,}81.$

2° $\qquad \dfrac{0{,}13}{9{,}81} = \dfrac{10}{750}.$

Si, à la distance de 60,273 rayons terrestres (distance de la terre à la lune) l'accélération de la terre peut être considérée comme nulle, c'est que le quotient $\dfrac{0{,}13}{60{,}273^2} = 0$ m. 00003 est évidemment négligeable.

Il semble cependant que l'interaction attractive ou répulsive, diffère totalement de l'interaction tractive ou pulsive par l'accélération. Cependant, il est facile de montrer qu'il n'en est rien, car il suffit, pour réaliser dans ce dernier cas l'accélération, de supposer que des corps animés d'une vitesse convenable, viennent successivement, au bout de chaque unité de temps qu'on peut prendre aussi petite que l'on voudra, choquer le corps considéré.

$$\frac{4 \times 9 + 2 \times 0}{6} = \frac{4 \times 9 + 2 \times 0}{6} = 6$$

$$\frac{4 \times 36 + 6 \times 6}{4 + 6} = \frac{4 \times 36 + 4 \times 6 + 2 \times 6}{4 + 4 + 2} = 18$$

$$\frac{4 \times 60 + 10 \times 18}{4 + 10} = \frac{4 \times 60 + 8 \times 18 + 2 \times 6}{4 + 8 + 2} = 30$$

$$\frac{4 \times 84 + 14 \times 30}{4 + 14} = \frac{4 \times 84 + 12 \times 30 + 2 \times 30}{4 + 12 + 2} = 42$$

$$e = \frac{gt^2}{2} = \frac{12 \times 4^2}{2} = 96$$

Si, conformément à l'hypothèse de Faraday (voir les citations de la fin du volume) on admet que c'est dans le champ gravifique, analogue au champ magnétique ou électrique, que réside la cause de l'attraction, il résulte de ce qui précède, que l'accélération serait due aux chocs incessamment renouvelés de l'éther, comparables, dans l'exemple ci-dessus, aux chocs successifs produits par les corps venant les uns après les autres imprimer des vitesses nouvelles au corps primitivement au repos.

PARTIE SYNTHÉTIQUE

CONCORDANCE ENTRE LA DOCTRINE ET LES FAITS

A. — INTERPRÉTATION GÉNÉRALE

CHAPITRE PREMIER

LA MATIÈRE ET LA MASSE

I

La notion de *masse*, dans l'esprit de la plupart des métaphysiciens et des physiciens, aussi métaphysiciens qu'eux sous ce rapport, se confond avec la notion de *matière*, puisque c'est pour eux *la quantité de matière* qu'un corps contient. Or, il est clair que si la masse était la matière, elle serait indéterminée comme elle et ne serait susceptible d'aucune mesure : il y a donc une contradiction évidente à parler, comme on le fait, d'un quantum de matière, ce qui revient à parler d'un quantum d'indétermination. Qu'est-ce alors que la masse et comment convient-il de la concevoir, sans que cette conception vienne contredire la doctrine idéaliste ? C'est ce qui fera l'objet de ce premier chapitre. La masse peut être considérée à deux points de vue différents : a) au point de vue statique; b) au point de vue dynamique.

a) Point de vue statique. — Soient un certain nombre de *volumes* égaux (1 centimètre cube) d'un même corps, le cuivre par exemple. L'expérience nous apprend (ce que nous constatons *de visu*) que l'un quelconque de ces volumes égaux placé dans l'un des plateaux d'une balance, fait équilibre à un autre quelconque de ces mêmes volumes égaux, placé dans l'autre plateau; ce qu'on exprime en disant qu'ils ont le même poids.

Si pour faire équilibre à un volume de cuivre déterminé, il faut ajouter dans l'autre plateau 6, je suppose, de ces volumes, pris pour unité, nous dirons que le volume de cuivre considéré a pour poids *relatif* 6, c'est-à-dire qu'il pèse 6 fois plus qu'un seul de ces volumes pris pour unité. Or nous constatons aussi que ce volume de cuivre a pour volume relatif 6, c'est-à-dire qu'il est 6 fois plus volumineux qu'un seul. Le corps unique mis dans le plateau A et les 6 corps mis dans le plateau B sont donc équivalents non seulement au point de vue mécanique ou *pondérique*, mais encore au point de vue géométrique ou *volumétrique*. De là la notion de masse qui se confond avec la notion de poids (notion mécanique) et avec la notion de volume (notion géométrique), ce qui concorde bien avec l'idée qu'on se fait de la masse dans le langage courant où ce mot éveille l'idée de volume. Exemple : une grande masse, une masse énorme, etc. Etymologiquement aussi masse est à peu près synonyme de corps comme molécule (petite masse) est synonyme de corpuscule (petit corps).

Mais si, dans le cas particulier qui nous occupe, masse et volume sont des termes identiques, il semble *de prime* abord qu'il n'en soit pas toujours ainsi : en effet chacun sait que deux corps peuvent avoir le même poids, être équivalents au point de vue statique et ne pas avoir le même volume, n'être pas équivalents au point de vue takymétrique. Cependant si l'on va au fond des choses, et c'est ce à quoi nous en voulions venir, on verra qu'en réalité même dans ce cas, la notion de masses égales se confond non seulement avec celle de poids égaux, mais aussi avec celle de volumes égaux. Puisque les corps sont considérés comme la réunion de corpuscules ou de molécules séparés par des vides intercorpusculaires ou intermoléculaires, si ces molécules supposées de même volume, sont trois fois plus denses, c'est-à-dire plus serrées, *plus rapprochées* dans un corps que dans un autre, deux corps ayant le même poids, c'est-à-dire équivalents au point de vue mécanique, seront toujours aussi équivalents au point de vue volumétrique puisqu'ils renferment *le même nombre de volumes égaux* et que, en supposant les molécules aussi rapprochées les unes des autres dans un des corps que dans l'autre, ces deux corps auraient aussi non seulement le même poids, mais le même volume (les vides ne devant évidemment pas compter pour l'évaluation du volume réel des corps). Cette *hypothèse*, à savoir que les particules ultimes des corps ont des volumes égaux, peut d'ailleurs être réalisée rigoureusement. Soient les corps égaux pris pour unité. Supposons-en 6 placés à 1 centimètre l'un de l'autre, ils occuperont un volume de 11 centimètres cubes. Supposons-en 6 autres contigus, ils occuperont un volume de 6 centimètres cubes.

En d'autres termes les deux systèmes, tout en ayant le même poids, auront des volumes différents, respectivement 11 et 6, mais *seulement en apparence*, car les intervalles ne comptent pas, et si on les supprime en mettant les 6 cubes en contact, les deux systèmes se trouveront avoir le même volume, comme le même poids. En résumé, on peut donc considérer masses égales comme synonyme de volumes égaux, la notion de masse se confondant théoriquement avec la notion de volume, comme elle se confond avec cette même notion dans la pratique et le langage courant. Quoi qu'il en soit, qu'on la considère comme le rapport existant entre les volumes réels (point de vue géométrique) ou comme le rapport existant entre les poids (point de vue statique), la masse n'est jamais que le rapport des nombres de parties équipollentes ou équilibrantes, si l'on veut, des divers corps ; elle n'a rien à voir avec la quantité de matière, mais seulement avec la quantité de ces parties équipollentes ou équilibrantes.

b) Point de vue dynamique. Si maintenant nous nous plaçons au point de vue dynamique nous verrons que les masses ne sont alors que les nombres exprimant ou bien les rapports inverses des vitesses, ou bien les rapports directs des vitesses.

1) Une seule interaction. La vitesse gagnée par b et la vitesse perdue par a sont respectivement 6 et 3 ; nous disons que les masses de b et de a sont respectivement comme 6 est à 3.

Exemple :

$$\frac{4 \times 9 + 8 \times 0}{12} = 3.$$ Interaction $4 \times 6 = 8 \times 3$.

On a bien (les masses étant en raison inverse des vitesses) : $\frac{4}{8} = \frac{3}{6}$.

2) *Deux interactions*. La vitesse commune après le choc est dans la 1re 3, dans la 2e 1,5. Nous disons que les masses en mouvement $a + b$ et $a' + b'$ sont entre elles comme 1,5 est à 3.

Exemple :

$$\frac{4 \times 9 + 8 \times 0}{12} = 3.$$ 1re interaction $4 \times 6 = 8 \times 3$.

$$\frac{4 \times 9 + 20 \times 0}{24} = 1,5.$$ 2e interaction $4 \times 7,5 = 20 \times 1,5$.

On a bien (les masses étant en raison inverse des vitesses) : $\frac{12}{24} = \frac{1,5}{3}$.

3) *Deux interactions*. Le produit des vitesses est dans la 1re $6 \times 3 = 18$; dans la 2^e

$12 \times 6 = 72$, nous disons que les masses sont entre elles comme $\frac{18}{72}$ (en raison directe des vitesses).

Exemple :

$\frac{4 \times 9 + 8 \times 0}{12} = 3$. 1re interaction $4 \times 6 = 8 \times 3$.

$\frac{8 \times 18 + 16 \times 0}{24} = 6$. 2^e interaction $8 \times 12 = 16 \times 6$.

Produit des vitesses : $6 \times 3 = 18$;
Produit des masses : $4 \times 8 = 32$.
Produit des vitesses : $12 \times 6 = 72$;
Produit des masses : $8 \times 16 = 128$.
On a bien :

$$\frac{32}{128} = \frac{18}{72}.$$

On voit donc clairement que la masse non seulement n'a rien à faire ici avec la notion de matière, mais même avec la notion de corps ou de volume des corps puisqu'elle n'est que le rapport direct ou inverse existant entre les vitesses, lesquelles vitesses sont mesurables sans qu'on ait besoin de déterminer ni le poids, ni la densité, ni le volume des corps en mouvement.

En somme, puisque dans l'interaction pulsive ou répulsive, tractive ou attractive, le rapport des masses mues est, dans le dernier cas examiné, le rapport des vitesses ou des accélérations, il serait plus compréhensible et plus clair de dire que l'interaction, quelle qu'elle soit, est en raison directe des vitesses ou des accélérations vv' ou gg'. Si on ne le fait pas c'est que, dans l'interaction gravifique étant donnée l'immense disproportion existant entre les deux masses qui s'attirent, l'accélération de l'une peut être considérée pratiquement comme nulle, par rapport à celle de l'autre.

CHAPITRE II

LA FORCE ET LE POIDS

Il y a encore des philosophes et même des savants, entre autres Hirn qui considèrent la force comme une entité distincte et indépendante des corps sur lesquels elle serait censée agir, et cela justement par suite d'une conception tout à fait erronée de la force, définie : toute cause de mouvement.

a) Il n'y a jamais action, mais toujours *interaction*, et la force n'est que *l'intensité* de cette interaction, intensité définie par la traction ou la pulsion, l'attraction ou la répulsion, et mesurée, comme nous le verrons tout à l'heure, soit par la méthode statique, soit par la méthode dynamique. Quand on dit qu'une force *agit sur un corps* ou un point matériel, ce n'est en réalité qu'un langage abrégé et conventionnel, pour dire qu'un autre corps ou un autre point matériel agit sur ce corps ou ce point matériel *avec une certaine force*, c'est-à-dire *une certaine intensité* égale et contraire à celle avec laquelle celui-ci agit sur celui-là. Ce serait une grave erreur que de considérer la force comme une entité *distincte des corps entre lesquels a lieu l'interaction*. La force n'est pas, par conséquent, comme on le dit, une *cause* de mouvement, mais uniquement *l'intensité* du mouvement produit sous l'influence d'un autre corps qui est la cause ou mieux *la condition* du mouvement (puisqu'il y a toujours interaction).

Deux corps s'approchent l'un de l'autre (attraction) ou s'éloignent l'un de l'autre (répulsion) : c'est la présence du corps *a* qui est la cause (la condition) du mouvement du corps *b*, et réciproquement la présence du corps *b* qui est la cause (la condition) du mouvement du corps *a*. Mais la cause n'est pas la force et la force n'est pas la cause, ce sont deux notions différentes qui ne doivent pas être confondues, comme on les confond couramment en prenant la force pour une cause et la cause pour une force. Une force, dit-on, est définie par son intensité, son point d'application, sa direction. Or l'intensité seule caractérise et mesure la force, la direction n'étant que la direction suivant laquelle le mouvement a lieu et le point d'application, le point d'où part la ligne par laquelle on représente *fictivement* et *conventionnellement* la force, c'est-à-dire l'intensité en grandeur et en direction. Enfin il est également faux d'appeler par exemple la pesanteur, le magnétisme, l'électricité des forces. Dire que les corps sont pesants, c'est dire simplement qu'ils pèsent ou qu'ils gravitent, qu'ils pressent sur le plateau d'une balance ou qu'ils tombent dans l'air ou dans le vide, et le mot « pesanteur » désigne simplement le fait de presser ou de tomber ou la propriété, si l'on veut, de presser ou de tomber : la force, ce n'est pas *la pesanteur*, simple propriété quantitativement indéterminée, mais *le poids*, c'est-à-dire l'intensité de la chute *quantitativement* déterminée; ou mieux l'intensité de l'interaction gravifique entre le corps et la terre ou entre la terre et le soleil. La force étant l'intensité de l'interaction, quelle qu'elle soit; on voit clairement qu'il est absurde de définir la force une cause de mouvement, ou de suppression de mouvement, ou d'augmentation ou de diminution de mouvement, car alors c'est dire tautologiquement que l'intensité de l'interaction est la cause de l'interaction : *elle n'en est pas la cause mais la mesure* : Si la force était une entité elle ne serait pas *fonction* de la masse et de la distance, ce n'est qu'en tant qu'*intensité* de l'interaction qu'elle est fonction de la masse et de la distance et non en tant que cause productrice de l'interaction. Une *force*, c'est-à-dire conformément à notre rectification, une *intensité* étant donnée, par exemple $g = 9,81$, en supposant que tous les corps aient même masse, c'est aussi une grave erreur de croire que ce soit une cause unique, invariable, toujours la même qui agisse : c'est une série de causes ou de conditions successives incessamment renouvelées : de même que la masse de combustible oxydé qui élève la température d'un corps de 140° à 145° n'est pas la même que celle qui a élevé la température de ce corps de 10° à 15°, *mais une autre masse de combustible oxydée après la première ;* de même pareillement que la vibration ou ondulation neuro-musculatoire (quelque nom qu'on lui donne) qui a amené l'aiguille du dynamomètre à telle ou telle division, n'est pas la même dans la 10ᵉ et dans la 15ᵉ seconde, mais une autre ondulation de même intensité venant remplacer la première, dont l'énergie est épuisée ; pareillement la cause ou condition de la chute dans la 10ᵉ et dans la 15ᵉ seconde n'est pas la même, mais est aussi une ondulation gravifique différente de même intensité, venant suppléer à l'épuisement de la première. Là encore la notion de force est tout à fait distincte de la notion de cause.

Mesurer une force (qui est une grandeur) c'est déterminer son rapport avec une autre force, prise pour unité. Or, il y a, pour mesurer les forces ou *intensités*, comme pour mesurer les masses (paragraphe précédent) deux méthodes, la méthode statique et la méthode dynamique. On peut prendre pour unité de force : 1° la force qui produira sur un *ressort déterminé* une déformation de 1 centimètre, par exemple; 2° la force qui produira sur un *corps déterminé* une accélération de 1 centimètre. La force qui produira une déformation ou une accélération double, triple, quadruple, sera dite double, triple, quadruple et l'on dira, je suppose, qu'elle vaut 2, 3, 4 dynes, nombres qui expriment un simple rapport entre la force considérée et la force prise pour unité. Si au lieu d'agir sur un même ressort et un même corps, choisis arbitrairement, la force agit sur un autre ressort et un autre corps, la déformation et l'accélération, au lieu d'être d'un centimètre, pourra être la moitié, ou le tiers, ou le quart de la déformation ou de l'accélération précédente (machine d'Atwood quand le poids p meut 2, 3, 4 P au lieu de 1 P). Or, le quotient de la force par la déformation ou l'accélération est ce qu'on pourrait appeler la capacité élastique e, et la capacité cinétique m, du ressort et du corps déterminé $\frac{F}{d} = e ; \frac{F}{g} = m$; d et g désignant la déformation et l'accélération. Si donc au lieu de mesurer les forces au moyen d'un seul ressort (méthode statique) ou d'un seul corps (méthode dynamique) on les mesure au moyen de ressorts et de corps différents, elles seront déterminées, non plus par la déformation et l'accélération, qui varient avec chaque ressort et avec chaque corps, mais par les produits ed et mg, et l'on aura :

$$P = ed \quad P = mg$$

Or $P = ed$ ou $P = mg$ considérés séparément ne sont que des identités équivalant à $P = P$ ou $ed = ed$; $mg = mg$; elles expriment en d'autres termes l'identité d'un produit effectué et d'un produit non effectué comme par exemple $12 = 4 \times 3$; mais si nous appelons P le poids déterminé par la méthode statique et P' le poids déterminé par la méthode dynamique et si nous écrivons que P déterminé par la méthode statique est égal à mg ; et que P' déterminé par la méthode dynamique est égal à ed, $P = mg$ d'une part et $P' = ed$ d'autre part, ce sera deux *égalités* véritables exprimant que le nombre trouvé en déterminant le poids par la méthode statique concorde avec le nombre trouvé en déterminant ce poids par la méthode dynamique, c'est-à-dire $ed = mg$ ou $P = P'$. Si le dynamomètre est gradué au moyen de masses marquées connues, nous aurons entre les deux formules précédentes la formule mixte intermédiaire soulignée :

$$P = ed;\ P' = md;\ P' = mg.$$

Résumons par les équations suivantes :

Identité : $P = ed \quad P' = mg$ équivalant à
$$P = P \quad P' = P'$$
$$ed = ed \quad mg = mg.$$

Égalité : $P' = ed \quad P = mg$ équivalant à
$$P = P' \quad P' = P$$
$$ed = mg \quad mg = ed.$$

Remarque I. — On verra dans les notes ce que dit à ce sujet Appell (*Précis de mécanique rationnelle*, page 110).

Remarque II. — De même que, malgré les calibres différents ou les grandeurs différentes, on peut se servir pour mesurer la température de plusieurs thermomètres, en les graduant au moyen de températures connues (glace fondante, eau bouillante), de même on peut, malgré les coefficients d'élasticité, et les grosseurs différentes des ressorts, se servir pour mesurer les poids, de dynamomètres différents en les graduant au moyen de poids connus en grammes ou en kilogrammes d'après la formule mixte précédente $P' = md$. Il est évident que dans la pratique il serait trop long et trop difficile de déterminer directement le poids d'un corps en fonction du coefficient d'élasticité et de la déformation puisqu'il faudrait déterminer pour chaque dynamomètre construit ce coefficient d'élasticité. En outre, si on le faisait, on n'aurait encore que des mesures très inexactes des poids, car pour un même ressort, l'élasticité est sujette à des variations : au lieu donc de mesurer directement les poids par la formule $P = ed$, on les mesure indirectement par la formule $P = md$.

B. — INTERPRÉTATION SPÉCIALE

CHAPITRE PREMIER

INTERPRÉTATION ARITHMÉTIQUE

Les lois de la traction et de la pulsion, de l'attraction et de la répulsion qui s'y ramènent, comme nous l'avons montré, sont l'expression de principes arithmétiques très simples, capables, sauf quelques cas, par lesquels nous terminerons, d'être compris même par ceux qui ne sont pas familiarisés avec le calcul algébrique.

a) Le rapport des masses de deux corps n'est, ainsi que nous l'avons vu, qu'un rapport purement numérique, le rapport des quantités de parties équivalentes ou équipollentes de ces deux corps et alors dans une même interaction *les vitesses et les accélérations sont en raison inverse des masses*, par la même raison *logique* et *arithmétique* en vertu de laquelle, dans le partage d'une somme d'argent, la part de chacune de deux associations, par exemple, mettant leur avoir en commun, *est inversement proportionnelle* aux nombres des membres de chaque association :

Une association de 6 personnes ayant chacune 8 francs met son avoir en commun avec l'avoir d'une autre association de 3 personnes ayant chacune 2 francs. La part de chaque personne sera après le partage :

$$\frac{6 \times 8 + 3 \times 2}{9} = 6$$

équation identique, comme on le voit, à celle du partage des vitesses entre deux corps ou associations de molécules.

$$1 \begin{cases} \dfrac{\text{argent perdu par chaque personne de l'association } a=2}{\text{argent gagné par chaque personne de l'association } b=4} = \dfrac{\text{nombre de personnes de } b=3}{\text{nombre de personnes de } a=6} \end{cases}$$

$$2 \begin{cases} \dfrac{\text{vitesse perdue par } a=2}{\text{vitesse gagnée par } b=4} = \dfrac{\text{masse de } b=3}{\text{masse de } a=6} \end{cases}$$

b) Dans deux interactions les vitesses ou accélérations communiquées par une même force à deux corps ou deux systèmes de corps de masses 12 et 24 (Exemple de la machine d'Atwood) sont en raison inverse de ces masses.

$$\dfrac{4 \times 9 + 8 \times 0}{4 + 8} = 8 \qquad 1$$

$$\dfrac{4 \times 9 + 20 \times 0}{4 + 20} = 1{,}5 \qquad 2$$

On a :

$$\frac{1{,}5 \text{ accélération de } 2}{3 \text{ accélération de } 1} = \frac{12 \text{ masse de } 1}{24 \text{ masse de } 2}.$$

Or c'est encore en vertu de la même raison *logique* et *arithmétique* qui fait que si le nombre des membres de deux associations est *double* de celui des membres de deux autres associations, après le partage la part de chaque membre sera *moitié* moindre.

$$\frac{1{,}5 \text{ part de chaque membre de } 2}{3 \text{ part de chaque membre de } 1} = \frac{12 \text{ nombre de membres de } 1}{24 \text{ nombre de membres de } 2}.$$

Enfin, également dans deux interactions les forces sont proportionnelles aux produits des masses ; loi identique à ce principe *logique* et *arithmétique* que les quantités d'argent sont nécessairement proportionnelles aux produits des nombres de membres de chaque association. Supposons qu'après le partage les deux associations l'une de 6 personnes ayant chacune 3 francs, l'autre de 9 personnes ayant chacune 2 francs, aient le même avoir 18.

$$6 \times 3 = 9 \times 2. \qquad 1$$

Si le nombre des membres de a devient double, le nombre des membres de b restant le même, il faudra nécessairement, à un nouveau partage que chaque membre de b ait le double, si l'on veut que la quantité d'argent de l'association b soit égale à la quantité d'argent de l'association a :

$$\underset{\text{double}}{12} \times 3 = 9 \times \underset{\text{double}}{4.} \qquad 2$$

Si maintenant le nombre des membres de b devient double, le nombre des membres de a restant le même, il faudra également, à un troisième partage, que chaque membre de a ait le double, si l'on veut que la quantité d'argent de a soit égale à la quantité d'argent de b

$$\underbrace{12 \times 6}_{\text{double}} = \underbrace{18 \times 4.}_{\text{double}} \qquad 3$$

On a donc bien :

$$\frac{2 \times 3 \text{ produit des avoirs de 1}}{4 \times 6 \text{ produit des avoirs de 3}} = \frac{6 \times 9 \text{ produit des nombres de membres de 1}}{12 \times 18 \text{ produit des nombres de membres de 3}}$$

Dans le premier cas (attraction ou répulsion) la relation est une conséquence de la loi de l'égalité entre l'action et la réaction. Dans le 2° cas, la relation est la conséquence directe de cette convention que les deux associations doivent après le partage posséder le même avoir.

d) La loi des espaces exprimée par la formule $e = \dfrac{gt^2}{2}$ se ramène à la somme d'une progression arithmétique dont la raison est g l'accélération, le premier terme l'espace parcouru dans la première seconde 4 m. 9 ; le nombre des termes, le temps de la chute t, 5 par exemple :

$$S = an + \frac{n(n-1)r}{2}; \quad e = \frac{gt^2}{2}.$$
$$S = 4{,}9 \times 5 + \frac{5(5-1)9{,}8}{2} = 122{,}5; \quad e = \frac{9{,}8 \times 5^2}{2} = 122{,}5$$

comme on peut facilement s'en rendre compte en effectuant les calculs.

e) Prenons maintenant la formule $Fe = \frac{1}{2} mv^2$, expression de la force vive.

Considérons un mobile soumis à une force constante F, portant du repos. Quand il aura parcouru une distance e dans la direction de la force, celle-ci aura accompli un travail $Fe = \frac{1}{2} mv^2$. Or, pour acquérir la vitesse v, le mobile doit parcourir un espace $e = \frac{v^2}{2\gamma}$. En effet :

$$e = \frac{\gamma t^2}{2} \quad v = \gamma t \quad t = \frac{v}{\gamma},$$

d'où en éliminant t remplacé par sa valeur $\frac{v}{\gamma}$:

$$e = \frac{\gamma \frac{v^2}{\gamma^2}}{2} = \frac{v^2}{2\gamma},$$

d'où en remplaçant e par sa valeur dans $Fe = \frac{1}{2} mv^2$:

$$F \frac{v^2}{2\gamma} = \frac{mv^2}{2},$$

d'où enfin :

$$F = \frac{\frac{mv^2}{2}}{\frac{v^2}{2\gamma}} = \frac{mv^2 \times 2\gamma}{2\,v^2} = m\gamma$$

Le théorème des forces vives étant ramené à la loi $e = \frac{gt^2}{2}$ est donc aussi la conséquence d'un principe d'arithmétique.

CHAPITRE II

INTERPRÉTATION GÉOMÉTRIQUE

Un grand nombre de lois physiques ne sont que des conséquences directes de propriétés géométriques, et non, par cela même, les effets de propriétés occultes, matérielles ou immatérielles d'une entité substantielle dénommée selon les théories matière ou force. C'est ce qui ressortira nettement des exemples suivants pour lesquels nous avons mis à contribution les ouvrages classiques de Janin, Fernet et Faivre-Dupaigre, Chassagny, etc.

a) Les lois du pendule sont la conséquence tout d'abord des propriétés de la circonférence ; car on peut assimiler le mouvement du pendule simple à la projection d'un mouvement circulaire uniforme sur un diamètre fixe (Fernet, Faivre-Dupaigre).

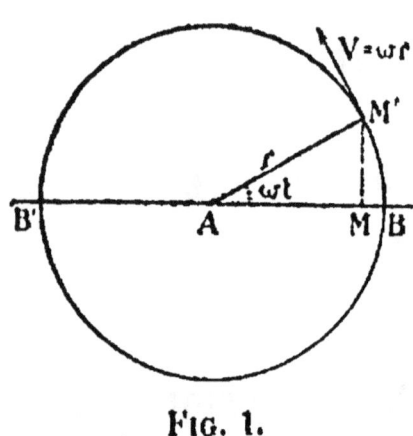

Fig. 1.

Soit un mobile M′ (fig. 1) qui parcourt le cercle A de rayon r, avec une vitesse angulaire ω ; supposons qu'il parte de B au temps 0 et cherchons la position de sa projection M sur le diamètre fixe BB′; posons $\overline{AM} = x$, nous avons :

$$\overline{AM} = \overline{AM'} \cos.\omega t \text{ ou } x = r \cos.\omega t$$

Le mouvement de M sera le même que celui du pendule simple, si l'on peut identifier x et s; il faut et il suffit pour cela que

$$r = e\,;\; \omega = \sqrt{\tfrac{g}{l}}.$$

La durée de l'oscillation du pendule simple est égale à la durée de révolution de M', c'est donc :

$$T = \frac{2\pi}{\omega} = 2\pi\sqrt{\tfrac{l}{g}}.$$

b) Prenons maintenant la loi de l'attraction universelle : $F = f\dfrac{Mm}{R^2}$, et supposons (approximation suffisante) que les orbites des planètes qui sont d'ailleurs des ellipses dont l'excentricité est très petite, soient circulaires. Dans le mouvement curviligne, la circonférence tout entière $2\pi R$ est parcourue avec une vitesse v en un temps T, ce qui donne :

$$2\pi R = vT,$$

d'où :

$$v = \frac{2\pi r}{T}.$$

et en remplaçant v par sa valeur $\frac{2\pi r}{T}$, on trouve pour expression de la force centrifuge puisque : $f = \frac{v^2}{R}$,

$$f = \frac{\frac{4\pi^2 R^2}{T^2}}{R} = \frac{4\pi^2 R}{T^2}.$$

Comme il y a plusieurs planètes à des distances différentes R, R', R'' faisant leurs révolutions dans des temps T, T', T'' nous obtenons pour la valeur de l'attraction du soleil sur l'unité de masse des diverses planètes aux distances R, R', R'', les quantités :

$$G = \frac{4\pi^2 R}{T^2},\ G' = \frac{4\pi^2 R'}{T'^2},\ G'' = \frac{4\pi^2 R''}{T''^2}. \qquad 1$$

Or, en vertu de la 3ᵉ loi de Képler, on a les rapports égaux :

$$K = \frac{R^3}{T^2},\ K = \frac{R'^3}{T'^2},\ K = \frac{R''^3}{T''^2}, \qquad 2$$

et en divisant les équations 1 par les équations 2 :

$$G = \frac{4\pi^2 K}{R^2}, \quad G' = \frac{4\pi^2 K}{R'^2}, \quad G'' = \frac{4\pi^2 K}{R''^2}, \qquad 3$$

ce qui montre *géométriquement* que l'attraction est en raison inverse du carré de la distance.

Cette loi des distances peut d'ailleurs être considérée plus simplement comme une conséquence *directe* de la propriété de la sphère, à savoir que les surfaces de deux sphères sont entre elles comme les carrés des rayons : $\frac{S}{S'} = \frac{4\pi R^2}{4\pi R'^2} = \frac{R^2}{R'^2}$,

et les attractions sont en raison inverse du carré des distances pour la même raison *géométrique* que les intensités de la lumière (et du son), elles aussi, sont en raison inverse des carrés des distances de la surface éclairée à la source.

En effet, la lumière se propageant également dans toutes les directions, une sphère de rayon R et de surface S ayant pour centre la source O, recevra par unité de surface : $q = \frac{Q}{S}$; une autre sphère concentrique de rayon R' recevra $q = \frac{Q}{S'}$, d'où :

$$\frac{q}{q'} = \frac{S'}{S} = \frac{R'^2}{R^2},$$

d'après le théorème de *géométrie* énoncé plus haut.

Appliquons-le maintenant à la gravitation universelle :

Si une action, quelle qu'elle soit, s'exerce dans tous les sens autour du soleil (champ d'attraction) les portions correspondantes de deux surfaces concentriques auront respectivement des quantités de mouvement $q = \frac{Q}{S}$; $q' = \frac{Q'}{S'}$, d'où :

$$\frac{q}{q'} = \frac{S'}{S} = \frac{R'^2}{R},$$

exactement comme précédemment.

CONCLUSION

I

Des considérations envisagées dans les pages qui précèdent, il ressort clairement que le physicien et le chimiste ne constatent toujours que des phénomènes tangibles et visibles et les relations qualitatives et quantitatives existant entre ces phénomènes. La pression atmosphérique ou la tension d'une vapeur n'est jamais que la mesure de l'ascension du liquide dans le baromètre ou le manomètre. La température et le potentiel ne sont respectivement que la mesure de la variation de volume de la colonne mercurielle du thermomètre ou de la divergence des feuilles d'or de l'électromètre, variations et divergence constatées *de visu*. Le poids déterminé par la méthode statique n'est que la mesure de la déformation du ressort du dynamomètre, déformation constatée également par la vue, par la lecture de la graduation. Déterminé par la méthode dynamique, le poids $P = mg$, n'est que la mesure de m, au moyen de la balance, donnée par le nombre de poids marqués qu'il faut mettre dans l'autre plateau pour établir l'équilibre et la mesure de g, qui revient à déterminer la longueur du pendule et compter la durée de l'oscillation, toutes déterminations qui n'exigent pour être obtenues, que des yeux, qui sont percevables et concevables et ne dépendent aucunement des entités impercevables et inconcevables appelées substance ou matière. En chimie, que constate-t-on? Purement et simplement des rapports pondériques entre les masses des corps qui se combinent et non des atomes, qui d'ailleurs, s'ils étaient constatés, seraient constatés corporels et non matériels et ce sont uniquement ces rapports qui constituent la base de la chimie. En résumé, il n'est aucune observation, aucune expérimentation faite par le physicien ou le chimiste dans son laboratoire, *qu'il ne puisse exactement et rigoureusement reproduire en rêve*, pour peu que ce rêve fût bien lié, ce qui arrive quelquefois ; et comme l'identification du monde de la veille et du monde du rêve est précisément toute la doctrine idéaliste (abstraction faite, bien entendu, du caractère cohérent, clair, précis, stable de l'un et de la nature, incohérente, confuse, imprécise, instable de l'autre) on voit par cela même que rien en physique ne peut venir infirmer l'idéalisme.

II

Cependant de nouvelles objections se présentent auxquelles nous devons répondre, pour ne pas être accusé de partialité. En acoustique et en optique, il est, à chaque instant parlé de vibrations ou ondulations sonores ou lumineuses, non seulement de l'air déjà invisible sinon intangible, mais de l'éther à la fois invisible et intangible, ondulations transversales ou longitudinales dont on détermine l'amplitude, dont on calcule le nombre. Voilà l'idéalisme en bien mauvaise posture, car si l'on admet l'existence de ces ondulations invisibles et intangibles, il faudra bien avouer qu'elles existent objectivement et non subjectivement puisqu'on ne les voit, ni ne les touche, et qu'on ne peut conséquemment les regarder comme des modalités perceptuelles. A cela nous répondrons : les ondulations sonores sont constatées directement *de visu* : vibrations d'une corde tendue, ou des branches d'un diapason, indirectement et toujours *de visu* dans la méthode graphique par le nombre de dentelures inscrites sur le cylindre ou dans la sirène par le nombre de tours lu sur le compteur. Il s'agit donc toujours d'une constatation visuelle directe ou indirecte et c'est uniquement cette constatation qui est à la base de l'acoustique. Quant aux ondulations de l'éther lumineux, qu'on n'a jamais constatées directement, mais seulement indirectement par les mouvements produits sous l'influence de la lumière, elles sont ou déduites de calculs astronomiques ou inférées par comparaison avec le son et d'ailleurs ne jouent qu'un rôle très effacé en optique, laquelle est surtout, comme on l'appelle, géométrique. Quoi qu'il en soit les ondulations lumineuses qui se comptent par trillions et aussi les ondulations sonores quand elles atteignent un certain nombre, sont bien invisibles et intangibles, c'est un fait qu'on ne peut nier. Mais est-ce à dire qu'elles existent absolument sans apparaître, sans être perçues? Non, cela est impossible ; *si elles existent*, elles ne peuvent exister que comme perceptions en d'autres êtres plus ou moins semblables à nous, en l'Être universel, en Dieu, si l'on veut. Et si nous-mêmes arrivions par des procédés nouveaux, au moyen d'instruments d'optique très puissants à les percevoir nous ne les percevrions toujours que comme des déplacements de corpuscules en mouvement et non comme des propriétés d'une substance matérielle pondérable ou impondérable. On peut en dire tout autant des molécules des physiciens et des atomes des chimistes. On ne les a jamais constatés et le jour ou, par impossible, on les constaterait, ce seraient toujours non des masses matérielles, mais des masses corporelles que l'on constaterait. En tous les cas, répétons-le, ces vibrations et ces ondulations, ces molécules et ces atomes hypothétiques dont l'existence est induite ou déduite, ne sont pas l'objet de la science, laquelle ne porte toujours que sur des constatations directes ou indirectes de formes, de mouvements, et de relations entre ces formes ou entre ces mouvements.

II

Ce qui contribue beaucoup à rendre les gens si réfractaires à la négation de l'entité matière c'est qu'ils confondent cette fausse notion avec la notion vraie de poids : ils ne peuvent s'imaginer qu'une masse de plomb, par exemple, soit *essentiellement* c'est-à-dire comme corps, identique à une masse de liège, et alors ils attribuent au plomb et au liège ce qui n'est que l'effet subjectif produit sur leurs organes, sensation de lourdeur d'une part, de légèreté d'autre part. Mais, même objectivement, la lourdeur et la légèreté n'appartiennent pas au plomb et au liège et il n'y a que le vulgaire ignorant et le philosophe étranger aux études scientifiques qui puissent commettre une erreur aussi grossière. Le poids d'un corps n'est pas la masse de ce corps : à une très grande distance de la terre la masse de plomb ne pèserait pas plus que la balle de liège à une très petite distance et inversement deux corps de même masse pèseraient l'un 1 kilogramme par exemple à la surface de la terre et l'autre 29 kilogrammes à la surface du soleil, sans que pour cela leurs masses respectives aient changé. Si l'on suppose, par l'impossible, que soient supprimées les tractions et attractions, pulsions et répulsions, qu'il n'y ait plus aucun mouvement d'aucune sorte, mais seulement des corps au repos, ces corps ne différeraient plus que par leurs formes, leurs volumes et leurs densités, c'est-à-dire le plus ou moins de proximité de leurs molécules constituantes, en admettant par hypothèse, bien entendu, que cette densité ne résultât pas de la force de cohésion des molécules; la matière considérée, à tort, comme ce qui donne du poids aux corps, ce qui fait qu'ils sont lourds ou légers, serait du coup escamotée et il ne resterait plus que des corps sans matière, ce qui est bien d'ailleurs ce qui existe en réalité. C'est uniquement la mobilité et la motricité, en un mot le mouvement des corps, qui font que ces corps pèsent subjectivement sur nos organes, par les efforts plus ou moins grands que nous faisons pour les soutenir; et pèsent objectivement sur les autres corps en les comprimant, les déformant, les brisant, ou les entraînant dans leur chute. Une preuve saisissante que ce qui presse, comprime, déforme, brise, meut, n'est pas quelque chose, poids ou autre, appartenant au corps, c'est qu'un corps qui presse verticalement contre le plancher de ma chambre ne presse pas horizontalement contre le mur. Si c'était en vertu d'une qualité qui lui appartînt, en vertu d'une propriété de la matière, il presserait dans tous les sens. Ce qui presse horizontalement sur le parquet sous l'influence de la force gravifique ce n'est pas la matière, mais le mouvement virtuel du corps, son énergie potentielle, produit de la masse par l'accélération. De même ce qui presse verticalement contre le mur, sous l'influence de la force musculaire, si j'appuie le corps contre ce mur avec ma main, ce n'est pas la matière du corps, mais l'énergie que ma main lui communique. C'est, dans tous les cas, toujours quelque chose d'extérieur à lui, d'extrinsèque et non quelque chose d'intérieur, d'intrinsèque dénommé substance ou matière.

III

Enfin, pour finir par le commencement (car c'est ce dont on traite en premier lieu dans les traités de physique), si nous examinons attentivement ce que sont les fameuses propriétés générales de la matière, la compressibilité, l'élasticité, l'impénétrabilité, l'inertie, nous verrons qu'elles ne sont aussi que l'expression de propriétés percevables, tombant directement sous les sens, donc des propriétés des corps et non de la matière (nous ne cesserons d'insister sur cette distinction), des propriétés de corps visibles et tangibles et non d'une matière invisible et intangible existant en soi et pour soi.

a) Compressibilité. — Il est clair que ce n'est que la constatation directe ou indirecte *de visu* de la variation de volume et de forme des corps dans certaines conditions déterminées, variations mesurables directement ou indirectement et susceptibles d'être formulées mathématiquement.

b) Élasticité. — Ce n'est aussi que la constatation du retour de la forme des corps comprimés ou distendus *mécaniquement* au volume et à la forme primitifs. Question sans doute très compliquée, une des plus ardues de la physique, mais qui n'a rien à voir avec la notion de matière, car il ne s'agit toujours que de relations quantitatives qu'il importe surtout de formuler mathématiquement par la détermination des rapports existant, par exemple, entre le coefficient d'élasticité, la force de traction, la surface de section et la longueur d'un fil de métal : $l = L \dfrac{F}{ES}$; etc., etc.

c) *Impénétrabilité*. — C'est pour tous les savants et pour tous les philosophes la propriété essentielle de la matière, mais la moins importante, *puisqu'on ne s'en occupe jamais en physique*. En quoi consiste-t-elle ? En ceci, que deux masses, supposées comprimées, de façon à ce qu'il ne reste plus aucuns vides intermoléculaires, ou simplement de façon à ce qu'on ne puisse les comprimer davantage, ne pourront occuper en même temps la même portion de l'espace, ce qui revient à dire tautologiquement que deux volumes ne peuvent faire un volume : conséquence non d'une propriété de la matière, mais de la façon dont nous percevons ou concevons *nécessairement* l'étendue, en vertu de la nature même de nos facultés perceptuelles ou conceptuelles et de la constitution de l'esprit humain.

d) Inertie. — Une autre propriété prétendue de la matière est l'inertie. Or l'inertie n'est que l'expression directe de ce fait *qu'il n'y a jamais action mais toujours interaction*, ce qui revient à dire que ce mot ne s'applique qu'à des irréalités, qu'aux corps considérés isolément *in abstracto* et non à des réalités, aux corps considérés solidairement *in concreto*. En tout cas, ce ne serait qu'une propriété de chaque corps, en tant qu'isolé, et *non une propriété de la matière*.

Signalons, en passant, la contradiction flagrante qu'il y a : 1° à considérer d'une part la matière comme *inerte* et d'autre part comme capable *d'attirer* la matière en raison directe des masses; 2° à concevoir d'une part la matière comme inerte et à la concevoir d'autre part comme résistant au mouvement; deux propriétés qui impliquent le contraire de l'inertie puisqu'elles impliquent activité. En ce qui concerne la prétendue propriété attractive de la matière, nous dirons que la formule de Newton n'est que l'expression d'une corrélation entre les masses et les accélérations et non d'une relation de cause à effet, mais en tout cas n'implique nullement, en supposant qu'elles aient pour cause les masses, que ces accélérations ont pour cause la matière. En ce qui concerne la prétendue résistance de la matière au mouvement, nous dirons que les corps, bien loin de résister au mouvement, y cèdent toujours. S'ils n'y cédaient pas, comment un corps au repos pourrait-il être mû ? Ce qui est vrai, c'est que dans des circonstances déterminées, plus la masse d'un corps choqué, par exemple, est grande par rapport à celle du corps choquant, plus la vitesse qu'il acquiert ou qu'il gagne est petite ; mais s'il ne prend pas plus de mouvement, c'est parce que le corps choquant ne peut lui en céder davantage, conformément à la loi de *l'égalité de l'action et de la réaction*. Mais qu'on suppose qu'un autre corps de même masse que le premier, mais animé d'une vitesse plus grande, vienne choquer ce corps, celui-ci prendra aussi plus de mouvement. Donnons des exemples : Soient deux corps a et b, animés l'un d'une vitesse 10 et l'autre d'une vitesse 0.

$$\frac{4 \times 10 + 6 \times 0}{4 + 6} = 4 \text{; interaction} = 4 \times 6 = 6 \times 4.$$

b ne pourra prendre que la vitesse 4, sans quoi on n'aurait pas $4 \times 6 = 6 \times 4$. Mais si a est animé de la vitesse 20, la vitesse de b sera :

$$\frac{4 \times 20 + 6 \times 0}{4 + 6} = 8.$$

Le corps *b ne résiste donc pas au mouvement.* Si a a une vitesse 40, 80, etc., b prendra des vitesses proportionnelles 16, 32, etc., à l'infini : il ne résiste pas au mouvement, il ne prend que le mouvement qu'un autre corps *peut* lui céder, voilà tout. Autant dire, à ce compte, que je résiste à la richesse, parce que dans un héritage je ne puis, d'après la loi ou la morale, prendre que la part à laquelle j'ai droit légalement ou moralement. Si nous sommes trois frères et que sur 300.000 francs je ne prends que 100.000 francs, c'est qu'il n'y a que 300.000 francs à partager ; s'il y avait 600.000 francs, je prendrais sans aucune résistance de mon respect pour la loi ou de ma conscience 200.000 francs, et s'il y avait 1.200.000 francs, 400.000, et ainsi de suite. Ce qui est vrai et ce qui importe en mécanique, c'est ceci, à savoir que les vitesses sont en raison inverse des masses ;

mais il n'y a dans cette relation rien qui implique résistance au mouvement, résistance qui, en tout cas, si elle existait, serait une propriété non de la matière mais des corps. Aussi l'affirmation suivante d'Herbert Spencer est absolument dénuée de tout fondement : « La preuve dernière, dit-il, que nous avons de l'existence de *la matière*, c'est qu'elle est capable de résister. » Chassagny, l'auteur d'un cours élémentaire de physique, d'ailleurs très clair et en général d'une grande rigueur scientifique, tombe dans le même errement qu'Herbert Spencer, *qu'il cite*, et le plus piquant, c'est qu'il appelle, en propres termes, inertie, *cette résistance au mouvement* : l'inertie n'est pas cela du tout et si c'était cela, ce serait faux.

APPENDICE

APPENDIX

CITATIONS

Nous donnons ici quelques citations typiques qui montrent à quel degré d'aberration en arrivent parfois des savants de très grande valeur qui, malgré leur dédain pour la métaphysique se livrent parfois à des considérations qui laissent bien loin derrière elles celles des métaphysiciens les plus abstrus, qu'ils critiquent de façon si acerbe, avec raison d'ailleurs.

1) J'ai été amené à considérer la matière ainsi que l'ont fait Boscovitch et, après lui, le plus grand nombre des auteurs qui se sont occupés de cette question, comme formée, en dernière analyse, *de simples centres d'action sans volume et sans étendue, doués de la faculté attractive* que l'on attribue généralement aux corps de la nature.

Séguin aîné.

2) Suivant M. Ampère, les dimensions des atomes dans lesquels résident les centres d'action moléculaire, doivent être considérées *comme rigoureusement nulles;* en d'autres termes, ces atomes qui sont de véritables êtres simples *dont la matière se compose* n'ont pas d'étendue.

Cauchy.

3) Dans une conversation que j'eus à Londres, en 1823, avec M. Herschel, je le priai de me dire quelle était son opinion sur la question de la dimension et de la densité des molécules matérielles à leur dernier état de division. Il me répondit qu'il pensait *que l'une pouvait être considérée comme infiniment petite et l'autre comme infiniment grande.*

Séguin aîné.

4) Deux *particules* électriques de même espèce, à l'état de repos, se repoussent ; mais aucune action à distance ne peut s'exercer moyennant le vide ; entre les deux particules *il existe donc quelque chose de spécifique,* qui les met dans cet état de rapport que nous appelons la répulsion. Ce quelque chose c'est *l'Élément Force* (avec des majuscules encore !) sans lequel aucun phénomène de l'Univers ne peut *logiquement* s'expliquer. (Qu'est-ce que la logique a à faire là-dedans ?)

G.-A. Hirn.

5) N'est-il pas permis de dire que l'électricité constitue par elle-même une *Force* (toujours une majuscule) proprement dite, en d'autres termes, un *Élément spécifiquement distinct de la matière...* et capable d'agir sur elle à titre de puissance dynamique ? G.-A. HIRN.

Citons par contre quelques passages où les savants se montrent des esprits positifs, ce qu'ils devraient toujours se contenter d'être.

1) Nous ne devons pas oublier que la chaleur engendrée par le frottement paraît évidemment être inépuisable. Il est à peine nécessaire de faire remarquer qu'une chose, qu'un corps isolé ou un système de corps peuvent continuer à fournir indéfiniment sans limites, ne peut absolument pas être une substance matérielle. Il me paraît extrêmement difficile, sinon tout à fait impossible, de se former une idée d'une chose pouvant s'exciter ou se communiquer *à moins que cette chose ne soit du mouvement.*

F. RUMFORT.

2) L'hypothèse des atomes ne peut expliquer aucune propriété des corps *sans l'attribuer préalablement aux atomes eux-mêmes.*

WILLIAM THOMSON.

3) Si un point matériel est soumis à l'action d'un autre point, il agit sur cet autre point avec la même intensité. En d'autres termes, les actions auxquelles la matière est soumise sont toujours des actions mutuelles. Il résulte de ce principe que les actions mutuelles d'un système de molécules ne sauraient déplacer le centre de gravité de ce système. Ainsi par exemple, les actions musculaires d'un animal ne sauraient le déplacer et il ne peut obtenir ce résultat qu'en prenant un point d'appui extérieur.

Stallo.

4) En admettant cette *force d'inertie* (*vis insita*) on confond l'effet qui résulte d'un effort exercé avec une résistance qui n'existe réellement pas. Si l'on prend pour exemple ce que l'on appelle la force centrifuge, que l'on considère comme une force d'inertie, il est facile de voir qu'il n'y a là *qu'une réaction égale et contraire* à l'action de la force centripète qui ramène sans cesse le mobile sur la trajectoire ; que la force centripète cesse et la force centrifuge cesse aussitôt.

G.-A. Hirn.

5) C'est à Faraday qu'on doit d'avoir, le premier, rejeté d'une manière absolue l'hypothèse

des actions à distance dans l'interprétation des phénomènes électro-magnétiques et d'avoir résolument cherché à démontrer que les forces observées ont leur origine dans le milieu intermédiaire agissant par contact direct, non pas que les lois représentées par des forces centrales soient fausses, mais elles doivent être considérées comme l'expression de la résultante des réactions du milieu sur les systèmes auxquels on attribue une action réciproque...

En effet, le milieu ambiant est modifié par la présence des courants et des masses magnétiques; cette modification doit pénétrer dans un conducteur brusquement introduit dans ce milieu et y produire un effet sensible : l'expérience confirme cette manière de voir; il s'y développe un courant électrique, un *courant induit*, comme l'appelle Faraday...

Cette conception nouvelle vérifiée d'une manière si frappante par la production des courants indirects, ne doit évidemment pas rester confinée dans le cercle étroit des faits où elle a été imaginée; elle est générale et doit s'étendre à toutes les forces analogues de la nature, aussi bien dans le domaine infiniment grand de l'espace astronomique que dans le champ infiniment petit des intervalles moléculaires.   A. Cornu.

6° II. Bouasse démontre de façon très claire l'identité fondamentale de la force attractive ou répulsive et de la force tractive ou pulsive, et nous ne pouvons mieux faire ici que de le citer.

« Une force F, constante de direction et d'intensité, imprime à une masse m une accélération constante g d'autant plus grande que la masse est plus petite : on a, d'après le principe fondamental de la dynamique, $F = mg$. Si le corps part du repos, la vitesse v au bout d'un temps t est représentée par l'expression $V = gt$. De ces deux équations on tire :

$$mv = mgt = Ft$$

« Le produit mv s'appelle quantité de mouvement ; l'équation précédente s'énonce donc ainsi :
« La quantité de mouvement imprimée à une
« masse invariable par une force constante de di-
« rection et d'intensité est égale au produit de la
« force par le temps pendant lequel elle agit. »
Faisons t très court, une fraction de seconde, par exemple, appelons-le θ. Le produit $F\theta$ prend alors le nom de percussion ou d'*impulsion*. On conclut de ce qui précède l'énoncé général :
« La mesure d'une percussion ou d'une impul-
« sion est la quantité de mouvement qu'elle im-
« prime à une masse donnée invariable. » La pe-

santeur met à peu près 60 secondes à donner à un corps grave tombant en chute libre une vitesse de 600 mètres à la seconde ; dans un canon, c'est en moins d'un centième de seconde, que l'obus prend une telle vitesse; il faut donc qu'au moins pendant une fraction de ce centième de seconde, la pression totale de la poudre sur le plat de l'obus soit plus de six mille fois le poids du projectile, puisque cette pression n'est pas constante. *La percussion ne diffère en rien de l'action ordinaire d'une force ; c'est tout simplement une force plus grande agissant pendant un temps plus court...*

« Pour revenir à nos notations, nous avons trouvé $F\theta = mv$. Ce que Fontenelle appelle *force simplement motrice*, n'est pas autre chose que ce que nous avons désigné par le nom d'impulsion ou de percussion ; ce qu'il appelle *force accélératrice*, c'est ce que nous désignons sous le nom de force ; et on a bien, du moins quand la force est constante, $F = \dfrac{mv}{\theta}$; c'est la vitesse divisée par le temps employé à la produire...

« En définitive les conclusions de Fontenelle sont mathématiquement exactes, mais l'idée qu'il se faisait de la percussion est absolument fausse. Car au lieu de la considérer comme l'action d'une force grande et pouvant être variable, agissant pendant un temps court, mais fini, il la regarde comme quelque chose d'irréductible à une force accélératrice, agissant en un temps fini ; il suppose même qu'elle agit en un instant...

« Mais le temps entre dans l'idée de force accélératrice, parce qu'il est le temps pendant lequel la force a été appliquée ou a agi, et il est clair que le temps n'entre pas de cette manière dans l'idée de force simplement motrice. »

Bouasse veut dire par là que le temps pendant lequel la force de percussion agit étant très court, on en fait abstraction : sans quoi on aurait aussi bien pour la pulsion que la répulsion (ou la traction que l'attraction) : $F = \dfrac{mv}{\theta}$.

7° Appell, dans son remarquable *Précis de mécanique rationnelle* (un précis de plus de 700 pages in-18), donne la démonstration mécanique suivante qui corrobore ce que nous disons page 91.

« Cette mesure statique des forces, écrit-il, est très importante, car elle montre que la relation fondamentale $F = mj$ n'est pas une simple identité. Prenons, par exemple, un point matériel sur lequel agit une force F dépendant seulement de la position du point. En donnant au point diverses positions et mesurant statiquement la force dans chacune de ces positions, on connaîtra la loi de la variation de la force F avec la position du point; analytiquement, on connaîtra les projections X, Y, Z de la force en fonction des coordonnés x, y, z du point. Si, ensuite, on lance le point, en le soumettant aux forces considérées, il prend un mouvement tel, que son accélération, en chaque point M de sa trajectoire, soit équipollente au vecteur $\frac{F}{m}$ en ce point. »

TABLE

	Pages.
Préface	5

PARTIE ANALYTIQUE

A. La doctrine.

Chapitre I. — Le réalisme et l'idéalisme	13
Chapitre II. — Le réel et l'irréel	25

B. Les faits.

Chapitre I. — Identité des phénomènes cinétiques, thermiques, électriques.	37
Chapitre II. — Identité de la pulsion et de la répulsion, de la traction et de l'attraction.	59

PARTIE SYNTHÉTIQUE

A. Interprétation générale.

Chapitre I. — La matière et la masse	73
Chapitre II. — La force et le poids	83

B. Interprétation spéciale.

Chapitre I. — Interprétation arithmétique . .	95
Chapitre II. — Interprétation géométrique . .	103
Conclusion	109
Appendice	127

www.ingramcontent.com/pod-product-compliance
Lightning Source LLC
Chambersburg PA
CBHW060141100426
42744CB00007B/850